Egmont R. Koch:
Im Kopf ein Paradies

Unseren Söhnen
Tim und Felix

Egmont R. Koch

Im Kopf ein Paradies

Auf dem Weg zu einem sanften Faschismus

Kösel-Verlag München

Kösel Sachbuch
Redaktion: Hermann Hemminger

CIP-Kurztitelaufnahme der Deutschen Bibliothek

Koch, Egmont R.:
Im Kopf ein Paradies : auf d. Weg zu e. sanften
Faschismus / Egmont R. Koch. – München: Kösel, 1984.
(Kösel Sachbuch)
ISBN 3-466-11047-5

Umschlag: Günther Oberhauser, München
Gesamtherstellung: Kösel, Kempten
Printed in Germany
ISBN 3-466-11047-5

Inhalt

Vorwort 7

Vergangenheit ist Zukunft 11

Prolog 13 – Ausmerzung im Interesse der Volkshygiene 19 – Rassenhaß – eine höhere Moral? 26 – Die Eugenik ist tot – es lebe die Eugenik! 31 – Ein neuer Mensch – nach wessen Ebenbild? 45

Unwissenheit ist Stärke 53

Das Ideal des Stereotypen 55 – Kriminalökologie durch gesellschaftliche Kontrollagenten 60 – Vom Wert sozialer Sippenhaft 69

Freiheit ist Sklaverei 77

Normalität ist erste Bürgerpflicht 79 – Spurensicherung gegen das Böse 88 – Voyeure für den Rechtsstaat 96

Manipulation ist Hoffnung 101

Gewalt auf dem Operationstisch 103 – Die Moral der psychischen Folter 112 – Soziales Verhalten – in die Köpfe geschnitzt 122

Krieg bedeutet Frieden 127

Kein Planet für Schwächlinge 129 – Ein Glück, nicht geboren zu werden? 141 – Auch nach der Sintflut ist Leben 149

Angst ist Glück 153

Zu viele ängstliche Fragen 155 – Tür zu, Licht aus, unter Umständen schreien lassen 161 – Hoffnung auf ein Leben in der Seifenblase 165 – Epilog 167

Nachwort 171

Anmerkungen 173

Literatur 181

Vorwort

Der Faschismus holt uns ein. Kaum merklich. Auf leisen Sohlen. Es ist eine sanfte Variante, der Zeit angepaßt. Wir leben in einer Gesellschaft, die sich human nennt, und die doch auf ihre schwächsten Glieder keine Rücksicht nimmt. Es gilt wieder das Recht des Stärkeren, des Klügeren. Schwache sind Schwächlinge. Skrupellosigkeit ist gefragt, nicht Toleranz. Wer Minderheit ist, bleibt auf der Strecke. Demokratie, so wie sie sich heute gebärdet, ist in Wirklichkeit eine Diktatur der Majorität.

Zeugnisse für diesen Sozialdarwinismus gibt es genügend: Menschen, die die Natur mit nicht korrekten Erbanlagen, minderer Intelligenz oder falscher Hautfarbe ausgestattet hat, Menschen, die sicht- und spürbar anders sind als die anderen, tragen schwer an ihrem Kainsmal, werden gemieden, isoliert, schikaniert oder, dank moderner Methoden, schon vor der Geburt ausgesondert. Früher einmal nannte man das Ausmerzen.

Kaum noch versteckter Rassismus und Fremdenhaß – das sind die heute wieder gültigen Elemente einer soziobiologisch orientierten Gesellschaft.

Gefragt ist der normgerechte Mensch, die sogenannte 90-Perzentile, jener Bürger also, der so ist, wie die übrigen 90 Prozent seinesgleichen sind. Der Durchschnitt gibt das Maß vor. An ihm orientiert sich politisches Handeln. Was aber ist mit den übrigen?

Wer anders lebt, verhält sich auffällig, macht sich verdächtig, wird beobachtet und bespitzelt. Der elektronische Überwachungsstaat fördert Duckmäusertum und soziale Anpassung. Individualität wird zum gesellschaftlichen Tabu, Uniformität zur ersten Bürgerpflicht. Datensammlung, Videoüberwachung dienen zur Durchleuchtung der Privatsphäre. Sie sind die modernen Werkzeuge eines technoiden Faschismus, dessen Ziel der Sonnenstaat ist – ein

Paradies ohne Gewalt und Verbrechen, ohne Gefühle und Empfindungen auch, eine Welt, in der es nichts Verborgenes oder gar Geheimes mehr gibt.

Und wer zu stark von der Norm abweicht, wird zwangsweise, und gar nicht sanft, auf den Weg der neuen Tugend zurückgebracht – mit Drogen, Medikamenten, Verhaltenskontrollen und Seelenoperationen. Anderswo nannte man das Hirnwäsche. Die neuen Ideale, so scheint es, rechtfertigen jedes Mittel.

Schlechte Zeiten für Außenseiter, Schwäch- und Sonderlinge; schlechte Zeiten für Alte, Gebrechliche und Kranke; schlechte Zeiten für Kinder.

Ich habe dieses Buch, das den Versuch macht, derlei Tendenzen aufzuzeigen, nicht zufällig zum Orwell-Jahr geschrieben. Aus zwei Gründen. Der erste ist offensichtlich: Die Normierung des Bürgers, seine Angst, erfaßt, überwacht, aussortiert zu werden, erinnern mich eindringlich an den Orwell-Staat *1984*. Der zweite Grund hängt mit einem Buch zusammen, das ich vor zehn Jahren unter dem Titel *Am Ende ein neuer Mensch?* veröffentlichte. Es versuchte, die Manipulation des Menschen zu analysieren und kritisierte den vermeintlichen technologischen und biologischen Fortschritt, der sich doch nur *gegen* den Menschen richtet. Nach einem Jahrzehnt wollte ich eine neue Bilanz ziehen; sie fällt, um das Ergebnis vorwegzunehmen, noch weitaus beängstigender aus als 1974.

Es ist ein Buch geworden, das meine Sorge zum Ausdruck bringen soll über die Diskrepanz zwischen der weit verbreiteten Einschätzung, uns sei es noch nie so gut gegangen wie heute, und der Rücksichtslosigkeit, mit der sich jeder seinen eigenen Vorteil sichert, koste es, was es wolle. Im Kopf ein Paradies, im Herzen Tyrannei.

Es ist ein trauriges, bisweilen auch zorniges Buch geworden, ein Buch gegen den menschenverachtenden Zeitgeist, der über diejenigen hinwegrollt, die nicht genügend Ellenbogen besitzen.

Es ist ein sehr subjektives, unausgewogenes, emotionales Buch geworden, eine Collage von Argumenten und Dokumenten, ein Versuch auch, mit der eigenen Sehnsucht umzugehen, mit der eigenen blinden Hoffnung, alles werde sich noch zum Besseren wenden.

Es ist ein Buch geworden, das viele Fragen stellt – und viele Fragen nicht beantwortet. Der Grund dafür ist, daß ich oft keine

Antworten weiß, keine Lösungen sehe, dem scheinbaren Automatismus der Entwicklung zu entfliehen. Ich bekenne diese Unfähigkeit mit Erleichterung *und* Betroffenheit. Die Erleichterung hängt damit zusammen, der schweren Aufgabe enthoben zu sein, anderen Menschen Ratschläge erteilen, Rezepte benennen zu müssen. Anderseits bleibt es irritierend und schmerzlich, sich auf eine Diagnose zu beschränken. Sicherlich, jeder kann sich wieder in mehr Toleranz üben, kann den Versuch unternehmen, den schwächeren Mitmenschen anders zu begegnen, kann lernen, Minderheiten zu akzeptieren. Dieser Appell allein wird, fürchte ich, die Probleme kaum lösen. Auch Wehleidigkeit eignet sich dazu nicht, nur macht Zukunftsoptimismus mindestens so blind wie Zukunftspessimismus lethargisch.

Tröstlich ist einzig die Hoffnung, daß es schon ein entscheidender Schritt wäre, wenn sich *mehr* Menschen *mehr* Fragen stellen würden. Wenn wir ratlos sind, wie wir den neuen Faschismus in uns abwenden können, dann ist vielleicht schon das Bemühen nützlich, zu begreifen, welche Ursachen er hat.

Egmont R. Koch

Vergangenheit ist Zukunft

»Jeder hat das Recht auf die freie Entfaltung seiner Persönlichkeit, soweit er nicht die Rechte anderer verletzt und nicht gegen die verfassungsmäßige Ordnung oder das Sittengesetz verstößt.«

(Grundgesetz, Artikel 2/1)

»Die moderne Gesellschaft muß endlich entschlossene, grundsätzliche Maßnahmen treffen, und zwar mit dem Endziel, dem normalen Individuum zu seinem Recht zu verhelfen. Vor einer solchen Notwendigkeit haben philosophische Dogmen und sentimentale Vorurteile zu verstummen.«

(Alexis Carrel, 1873–1944,
französischer Arzt und Biologe,
Nobelpreisträger für Physiologie
und Medizin 1912)

Prolog

Es war ein kalter, klarer Tag im April. Die schwarze Limousine fuhr dicht an den Eingang der Klinik heran. Der Besucher stürzte aus dem Fond des Wagens, das Kinn an die Brust gepreßt, um dem rauhen Wind zu entgehen. Unter seinem Mantel trug er einen Kittel, dessen Kragen er hochgeschlagen hatte: Ein Mediziner von Rang und Namen, anerkannter Fachmann auf dem Gebiet der Diagnose und Behandlung von Geisteskrankheiten, Autor zahlloser Aufsätze in den bedeutendsten Fachzeitschriften der Welt, Professor an einer der renommiertesten Fakultäten des Landes, Leiter einer Klinik von internationaler Bedeutung, ein Mann der medizinischen Superlative.

Das Krankenhaus, dem sein Besuch galt, lag am Rande der Stadt. Studenten hatten hier seit jeher eine herausragende klinische Ausbildung erhalten, Patienten die denkbar beste Behandlung.

Im Flur roch es nach gekochtem Kohl und feuchten Fußmatten. An der Rückwand der Eingangshalle hing ein Foto. Es war für den Raum eigentlich zu groß, zeigte das Gesicht eines Mannes von etwa 50 Jahren, mit einem schwarzen Schnauzbart und ansprechenden, wenn auch derben Zügen. In schönen Lettern, in weißen Marmor gemeißelt, stand darunter: »Die menschliche Persönlichkeit zu ihrer höchsten Ausbildung zu führen, das ist das letzte Ziel der Zivilisation.«

Der Besucher ging die Treppe hinauf. Es hatte keinen Zweck, es mit dem Aufzug zu versuchen. Zu dieser Stunde war der elektrische Strom abgestellt, wußte er.

Er wollte sich einen Eindruck von einem neuen Projekt verschaffen. Vor Ort. Es war von ihm initiiert worden. Seine Mitarbeiter hatten alte und aktuelle Aufzeichnungen überprüft. Von allen Nervenkliniken des Landes. Mehrere Monate lang. Hatten eine stattliche Zahl von Patienten selektiert. Danach waren alle fachlichen Kapazitäten des Landes eingeladen worden. Und einige Gesundheitsbeamte. Sie hatten beraten, hatten das Projekt für gut befunden, hatten Kliniken ausgewählt. Auch jene darunter, der jetzt sein Interesse galt.

Im ersten Stock, im Büro des Klinikchefs, wurde der Besucher bereits erwartet. Sie kannten sich seit vielen Jahren. Sie mochten sich nicht, respektierten sich aber. Man sagt, Neid habe auch eine Rolle gespielt.

Für die Visite mit den leitenden Ärzten ließ man sich Zeit. Der Besucher fand warme Worte für die Patienten, zeigte sich sehr interessiert, erkundigte sich nach Sorgen und Nöten, nahm teil am Leid.

Dann gelangte die Gruppe zu dem Raum, den man für das Projekt ausgewählt hatte. Alles war für die Behandlung vorbereitet worden. Einen so hohen Gast läßt man nicht warten. Durch ein kleines Fenster konnten die Ärzte beobachten, wie Krankenwärter 20 Patienten in das hellerleuchtete Zimmer führten. Alle waren, bis auf einen weißen Papierumhang, nackt. Ließen sich im Halbkreis aufstellen. Um dem Besucher den bestmöglichen Blick zu gewähren.

Die Pfleger gingen hinaus, schlossen sorgsam die Tür. Einer von ihnen betätigte auf ein Zeichen des Besuchers hin, einen Mechanismus an der Außenwand.

Er zeigte Spuren von Erregung, schwitzte. Sein Mund war trocken. Er versuchte, zu schlucken.

Im Behandlungsraum standen die Patienten regungslos. Mit starrem Blick. Plötzlich begannen sie, schwer zu atmen, rangen nach Luft, taumelten, schrien. Sie schrien, daß es durch die Mauer drang. Stürzten zu Boden. Zuckten noch. Urinierten.

Der Besucher wandte sich ab. Auch er rang nach Luft, war blaß geworden, gab seinen Kollegen zu verstehen, daß er mit dem Ablauf der Vorführung zufrieden war. Durch Kopfnicken. Er mußte sich draußen hinsetzen. Die anderen sahen seine Blässe, sagten aber nichts, wollten den hohen Gast nicht in Verlegenheit bringen. Später entschuldigte er sich, führte es auf Überarbeitung zurück.

Draußen blies noch immer ein heftiger Wind. Seine Limousine hatte gewendet. Der Besucher blieb nicht mehr zum Tee.

Das Projekt trug einen Namen. Der offizielle Titel lautete: »Die Vernichtung von lebensunwertem Leben.«

Der Besuch fand so oder so ähnlich im Jahre 1940 in einer Reihe von Kliniken statt. Ein Dreivierteljahr zuvor hatten sich die führenden Psychiater des Deutschen Reiches und hohe Beamte aus der Reichshauptstadt getroffen, um die organisatorischen Voraussetzungen einer Volks- und Rassenhygiene durch Euthanasie zu schaffen.

Einer der Initiatoren des Projekts, der die ausgewählten Kliniken und Anstalten des Landes bereiste, war Dr. Max de Crinis, Professor für Psychiatrie an der Universität Berlin und Leiter der neuropsychiatrischen Abteilung an der Charité. Als die sowjetischen Truppen 1945 Berlin einschlossen, verübte de Crinis mit einer Zyankali-Kapsel Selbstmord, sah sein eigenes Leben als nicht mehr lebenswert an.

Etwa 275000 Psychiatrie-Patienten und abnorme Kinder, so wurde im Rahmen der Nürnberger Ärzteprozesse »Verbrechen gegen die Menschlichkeit« 1946/47 deutlich, verloren zwischen 1940 und 1945 in Anstalten ihr Leben. Durch Giftgas und durch Injektionen. Medizinisch sanktioniert von Ärzten, die sich dem Hippokratischen Eid verpflichtet hatten; von wissenschaftlichen Persönlichkeiten am Ende der Karriereleiter, ohne übertriebenen Ehrgeiz; von Bürgern, über die Nachbarn nur Gutes zu berichten wußten; von liebevollen Vätern nicht zuletzt.

Wie konnte es geschehen, daß Akademiker zu Folterknechten wurden? Warum ließ die Ärzteschaft sie gewähren? Weshalb geschah das in so beispielloser Konsequenz?

350 von 90000 damals in Deutschland tätigen Medizinern wurden zu Verbrechern. Aber ohne die Duldung, Ignoranz und Gleichgültigkeit der schweigenden Mehrheit wäre es nicht zum Holocaust gekommen.

Alexander Mitscherlich, Zeuge in Nürnberg, erst von der Ärzteschaft mit der Vergangenheitsbewältigung beauftragt, hinterher totgeschwiegen, schrieb:

»Dreihundertfünfzig waren unmittelbare Verbrecher – aber es war ein Apparat da, der sie in die Lage oder in die Chance brachte, sich zu verwandeln. Sie haben ja nicht die Patienten ihrer Praxis getötet. Sie haben sich zumeist an diskriminiertem

›Menschenmaterial‹ versucht. ... Der Apparat schaffte sie herbei. Was aber ist der Apparat?«[1]

Zunächst wurde Kohlenmonoxid eingesetzt, bei den Kindern später auch Morphium-Hydrochloral oder Luminal. Einige hielten das für humaner. Die Selektion der Kinder nahm eine Reichssonderkommission vor, streng nach der internen »Absterbeordnung für Reichsausschußfälle«. Manche wurden durch Aushungern getötet. Einige hielten das für weniger human. Es war aber einfacher, machte keine Aktivität notwendig. Man konnte einfach weggehen. Abwarten.

»›Diese Geschöpfe stellen für mich als Nationalsozialisten nur eine Belastung unseres Volkskörpers dar. Wir machen die Sache nicht durch Gift, Injektionen usw., da würde die Auslandspresse ... nur neues Hetzmaterial haben. Nein, unsere Methode ist viel einfacher und natürlicher, wie Sie sehen.‹ Bei diesen Worten zog er unter Beihilfe einer mit der Arbeit in dieser Station scheinbar ständig betrauten Pflegerin ein Kind aus dem Bettchen. Während er das Kind wie einen toten Hasen herumzeigte, konstatierte er mit Kennermiene und zynischem Grinsen so etwas wie: ›Bei diesem zum Beispiel wird es noch zwei bis drei Tage dauern!‹ Den Anblick des fetten, grinsenden Mannes, in der fleischigen Hand das wimmernde Gerippe, umgeben von den anderen verhungernden Kindern kann ich nimmer vergessen.«[2]

Eidesstaatliche Zeugenaussage Ludwig Lehners über eine Führung des Obermedizinalrates Dr. Pfannmüller, Direktor der Anstalt Eglfing/Haar, im Jahre 1939. Pfannmüller stellte während des Prozesses nur in Abrede, die Äußerungen als Nationalsozialist getätigt zu haben:

»Selbst wenn dieses Kind euthanatisch zu beurteilen gewesen ist, würde ich dieses Kind niemals vom Standpunkt des Nationalsozialismus aus in der Frage der Beurteilung gesehen haben, denn die Euthanasie und auch die Dinge des Reichsausschusses haben, meines Erachtens, mit dem Nationalsozialismus nichts zu tun, sondern sie sind, ebenso wie das Gesetz zur Verhütung erbkranken Nachwuchses und das Ehegesundheitsgesetz, gesetzliche Maßnahmen, die unter dem nationalsozialistischen Regime geboren worden sind, deren Ursache aber auf Jahrhunderte schon vorher in der Denkungs- und Überlegungsart zurückgehen.«[2]

Pfannmüller begutachtete innerhalb von 14 Tagen 2109 Fälle. 2109 Fragebogen. Dann bestellte er die »Gemeinnützige Kranken-Transport-GmbH«. Sie besorgte die Ablieferung der Kinder in den Euthanasie-Kliniken, mit Autobussen, deren Fenster verhangen waren. In Hadamar, wo eine der Anstalten lag, riefen die Schulkinder: »Da kommt wieder die Mordkiste!«

Pfannmüller wurde 1948 angeklagt, die Tötung von mindestens 120 Kindern angeordnet und einige eigenhändig getötet zu haben. Er wurde zu sechs Jahren Haft verurteilt, von denen er zwei verbüßte.

Erst kamen schwachsinnige Kinder und solche mit Mißbildungen auf die Todeslisten. Später auch Bettnässer und schwer Erziehbare. Abnorme.

Kinder beschimpften einander: »Du bist nicht recht gescheit, du kommst nach Hadamar in den Backofen!« Und die Alten raunten sich zu: »Nur nicht in ein staatliches Krankenhaus! Nach den Schwachsinnigen kommen die Alten als unnütze Esser an die Reihe!«[2] Im Herbst 1941 wurden die Gaskammern in Hadamar abgebaut, nach Osten verfrachtet und dort, zum Beispiel in Lublin, neu eingerichtet. Massenvernichtung erhielt eine neue Dimension. Auch polnische Juden entsprachen nicht der deutschen Norm. In Hadamar ging das Projekt weiter. Aus Sterbehilfe wurde Ausmerze.

»Im Mai 1943 wurden Mischlinge (Halbjuden) – alles Kinder – nach der Anstalt Hadamar gebracht. Die Anzahl der Kinder kann ich nicht genau beziffern, aber nach meinem besten Wissen waren 15 bis 20 Mädchen dabei. Fast alle diese Kinder waren gesund. Einige hatten Hautausschläge. Diese Kinder wurden alle durch Injektionen getötet. Als ich im Oktober 1943 von einem 24-Tage-Urlaub nach Hadamar zurückkam, wurde mir gesagt, daß alle diese Kinder weg wären.«[2]

Eidesstattliche Erklärung einer Oberschwester der Anstalt Hadamar.

Kranke, Beschränkte, Gebrechliche, Alte, Mischlinge, Juden, Zigeuner; medizinische, ethnische, religiöse Randgruppen. Die deutsche Herrenrasse definierte minderwertiges Menschenmaterial. Wer waren die Ideologen? Wer legte den Maßstab an? Der Apparat? Der Führer? Oder der Zeitgeist?

Wissenschaftler lieferten das Fundament, Vertreter der Kirche verhielten sich dubios.

1940 wurde in Auschwitz das Konzentrationslager eröffnet. Konrad Lorenz, den heute jeder als weißhaarigen, freundlichen Verhaltensforscher kennt, war damals Professor für Psychologie an der Universität Königsberg. Er schrieb im selben Jahr:

»Selektion auf Härte, Heldenhaftigkeit, soziale Einsatzbereitschaft ... muß von irgendeiner menschlichen Körperschaft übernommen werden, wenn die Menschheit nicht mangels auslesender Faktoren ... zugrunde gehen soll. Der rassische Gedanke als Grundlage unserer Staatsform hat schon unendlich viel in dieser Richtung geleistet. ... Wir müssen – und dürfen – uns ... auf die gesunden Gefühle unserer Besten verlassen und ihnen die Gedeihen oder Verderben unseres Volkes bestimmende Auslese anvertrauen. Versagt diese Auslese, mißlingt die Ausmerzung der mit Ausfällen behafteten Elemente, so durchdringen diese den Volkskörper in biologisch ganz analoger Weise ... wie die Zellen einer bösartigen Geschwulst den gesunden Körper durchdringen und mit ihm schließlich auch sich selbst zugrunde richten.«[3]

Schwerlich vorstellbar, daß Lorenz nicht gewußt hat, wie diese Auslese praktiziert wurde, daß die Ausmerzung gelang.

Im selben Jahr argumentierte der Theologe Wolfgang Strootheinke, selbst Luther habe sich für die Tötung schwachsinniger Kinder ausgesprochen.

»Luthers Stellungnahme erfolgte anläßlich eines Falles in Dessau. Dort sah er ein zwölfjähriges Wechselkind, welches äußerlich einem richtigen Kind ähnlich war. Sein Leben beschränkte sich aber nur auf Nahrungsaufnahme und -abgabe. Zu allen Vorgängen seiner Umgebung lachte oder weinte es gänzlich zusammenhangslos. Luther äußerte seine Meinung, daß – wenn er zu bestimmen hätte – er dieses Kind durch Ertränken töten würde. Solche Wesen sind nur ein Stück Fleisch, ohne richtige menschliche Seele.«[4]

Andere Kirchenvertreter lehnten die Ausmerzung der Abnormen lediglich aus rechtlichen Gesichtspunkten ab. Nicht aus christlichen. In einer Denkschrift des Leiters des Zentralausschusses für die Innere Mission der Deutschen Evangelischen Kirche, Pastor Braune, heißt es:

»Die Unverletzlichkeit des Menschenlebens ist einer der Grundpfeiler jeder staatlichen Ordnung. Wenn Tötung angeordnet werden soll, dann müssen geltende Gesetze die Grundlagen solcher Maßnahmen sein. Es ist untragbar, daß kranke Menschen fortlaufend ohne sorgfältige Prüfung und ohne jeden rechtlichen Schutz, auch ohne den Willen der Angehörigen und gesetzlichen Vertreter zu hören, aus reiner Zweckmäßigkeit beseitigt werden.«[4]

Ganz ähnlich die Argumentation von Pastor Schlaich, Leiter der Heil- und Pflegeanstalt in Stetten:

»Wenn der Staat tatsächlich die Ausrottung dieser Kranken, oder doch gewisser Arten dieser Geisteskranken durchführen will, müßte da nicht ein klares, vor dem Volk offen verantwortetes Gesetz verkündet werden, das jedem einzelnen die Gewähr sorgfältiger Prüfung seiner Todesverfallenheit oder Lebensberechtigung bietet und auch den Angehörigen die Möglichkeit zur Äußerung geben würde, ähnlich wie das beim Gesetz zur Verhütung erbkranken Nachwuchses der Fall ist?«[2]

Formalitäten statt Sittlichkeit. Der Apparat hielt still oder protestierte allenfalls schwach. Wissenschaftler und Theologen: Waren ihre Einstellungen der Boden, auf dem die rassische Ideologie gedieh? Oder waren sie selbst Begleitumstände? Opfer des Apparats?

Die Frage hat entscheidenden Charakter: Ist die Lehre einer biologisch determinierten Gesellschaft, die radikale Eingriffe zu ihrer eigenen Verbesserung notwendig macht, ein Wahn des Dritten Reiches? Eine Erfindung Hitlers gar? Ist es nicht vielmehr eine Ideologie, die es schon vorher gab? Die es heute noch gibt?

Ausmerzung im Interesse der Volkshygiene

Fünfzig Jahre vor den Greueltaten der Nationalsozialisten, 1888, vertrat der britische Wissenschaftler Herbert Spencer die These, die Natur brauche nur sich selbst überlassen zu werden. Frei von menschlichen Eingriffen vermöge sie unablässigen Fortschritt zu gewährleisten, indem sie die Untüchtigen aussondere. So wie in der Tierwelt, in Analogie zur Räuber-Beute-Beziehung, die Aufgabe des Räubers darin bestehe . . .

. . . »die Kränklichen, Mißgebildeten und die am wenigsten Flinken oder Kräftigen auszumerzen; . . . (das heißt) jede Verunreinigung der Rasse durch Vermehrung ihrer minderwertigen Exemplare wird vermieden; und die Erhaltung einer an die Umwelt voll angepaßten und deshalb zu höchsten Glücksempfindungen fähigen Körperkonstitution ist gewährleistet.«[5]

Der ausmerzende Mensch, ein Teil des Prinzips Natur? Die Tötung der Minderwertigen, Abnormen, als Notwendigkeit der Biologie? Rassenhygiene als Naturgesetz?

Spencer war Zeitgenosse Charles Darwins. Der hatte 1859 sein Werk *Die Entstehung der Arten* veröffentlicht, einen atheistischen Ansatz der biologischen Evolution, der in Kirche und Politik des viktorianischen Englands für großes Aufsehen sorgte. Darwin sah die Natur als Fressen und Gefressenwerden. *Survial of the fittest:* Der Tüchtigste, Stärkste, Schlauste überlebt den Konkurrenzkampf ums Dasein.

Schon zu Lebzeiten Darwins begannen seine Kollegen damit, seine These zu verfälschen, das Prinzip der aktiven Auslese auch für die menschliche Gesellschaft zu propagieren. Der britische Evolutionstheoretiker Sir Francis Galton erfand 1883 den Begriff »Eugenik«.

»Die Eugenik ist die Wissenschaft, die sich mit allen Einflüssen beschäftigt, welche die angeborenen Qualitäten einer Rasse verbessern.«[6]

Für Herbert Spencer galt die Unterjochung der Schwachen, das Elend der unteren Schichten, als biologisch gewollt. Als biologischer Ausleseprozeß beim Kampf ums Überleben.

»Die Armut der Unfähigen, der Hungertod der Untätigen und das Niederdrücken der Schwachen durch die Starken, dies alles folgt dem Ratschluß einer großen weitsichtigen Güte.«[5]

Darwin mußte als Rechtfertigung für Sklaverei, Verhaltenskontrolle, menschliches Unrecht herhalten. Der sozialdarwinistische Ansatz betäubte moralische Skrupel nachhaltig. Und bis heute.

Ende des 19. Jahrhunderts übernahmen Wissenschaftler auf dem Kontinent, vor allem in Deutschland, die Ideen Spencers und seiner Zeit, prägten den Begriff »Rassenhygiene«. Der künstliche Schutz der Schwachen, so das Credo, gefährde die Qualität der Rasse, sei wider die Natur.

Der bayrische Biologe Wilhelm Schallmayer griff 1903 Spencers Räuber-Beute-Prinzip auf, forderte im Interesse der biologischen Selektion Eingriffe in die Natur, die sich nicht selbst helfe, wenn der Mensch sich nicht selbst helfe. Von Alfred Krupp, dem Chef der größten deutschen Waffenschmiede, mit einem Geldpreis ausgestattet, sann Schallmayer über die Grundzüge einer biologischen Gesellschaftsreform nach. Eine Reform der Reform. Denn die Sozialreform, so argumentierte er, habe den Schwachen erst das Überleben ermöglicht. Der Staat habe in den natürlichen Selektionsprozeß eingegriffen und müsse nunmehr seine Fehler schnell korrigieren: Durch aktive Auslese, durch Eugenik. Schallmayer nannte es Zuchtwahl. Sein Vorschlag, eine Heiratserlaubnis nur nach vorheriger erbbiologischer Untersuchung zu erteilen, mutet noch recht harmlos an. Das politische Klima war reif für die Idee. 1914 diskutierte der Reichstag ein eugenisches Sterilisationsgesetz. Nur der Ausbruch des Ersten Weltkrieges verhinderte dessen Verabschiedung.

Nach der Niederlage des Deutschen Reiches meldeten sich die Erbbiologen erneut zu Wort, und stießen sogleich auf offene Ohren. Das deutsche Volk brauche eine biologische Erneuerung, müsse alte Größe zurückgewinnen, hieß es.

Statt eines Sterilisationsgesetzes verabschiedete der Reichstag 1920 dann doch zunächst nur ein Eheberatungsgesetz. Es blieb hinter den Vorstellungen Schallmayers weit zurück. Im selben Jahr begann jedoch eine ungeschminkte Diskussion über den Gnadentod. Der Jurist Karl Binding und der Psychiater Erich Alfred Hoche veröffentlichten das Buch *Die Freigabe der Vernichtung lebensunwerten Lebens*. Sie traten dafür ein, »Fremdkörper in der menschlichen Gesellschaft« auszumerzen, da »deren Tod dringend erforderlich ist«.[7] Auch die Wortschöpfungen von Binding und Hoche sollten länger Bestand haben, fanden Eingang in den nationalsozialisten Sprachschatz. Von »Ballastexistenzen« und »leeren Menschenhülsen« war da die Rede.

»Daß es lebende Menschen gibt, deren Tod für sie eine Erlösung und zugleich für die Gesellschaft und den Staat insbesondere eine Befreiung von einer Last ist, ... läßt sich in keiner Weise bezweifeln. Ist dem aber so – gibt es in der Tat menschliche Leben, an deren weiterer Erhaltung jedes vernünftige Interesse dauernd geschwunden ist –, dann steht die Rechtsordnung vor der verhängnisvollen Frage, ob sie den Beruf hat, für deren unsoziale Fortdauer tätig einzutreten oder unter bestimmten Voraussetzungen ihre Vernichtung freizugeben. ... Wieder finde ich weder vom rechtlichen, noch vom sozialen, noch vom sittlichen, noch vom religiösen Standpunkt aus schlechterdings keinen Grund, die Tötung dieser Menschen, die das furchtbare Gegenbild echter Menschen bilden und fast in jedem

Entsetzen erwecken, der ihnen begegnet, freizugeben – natürlich nicht an jedermann. In Zeiten höherer Sittlichkeit – der unseren ist aller Heroismus verlorengegangen – würde man diese armen Menschen wohl amtlich von sich selbst erlösen.«[7]

Hinzu kam bei Binding und Hoche erstmals das ökonomische Argument. Deutschland könne sich den »humanitären Luxus«, minderwertige Menschen zu unterstützen, könne sich »halbe, Viertels- oder Achtelskräfte« in inflationären Zeiten nicht länger leisten. Das überzeugte auch viele kritische Stimmen.

1924 schrieb Adolf Hitler *Mein Kampf.* Urheber der Rassenlehre war er nicht. Er setzte zehn Jahre später den sozialdarwinistischen Auslese-Ausmerze-Zeitgeist in die Tat um. Mit schrecklicher Konsequenz allerdings.

Zwölf Jahre lang ließen sich die Deutschen ihre »arische« Abstammung beurkunden. Nach dem Krieg dann wurden »Arier« und »Rasse« aus dem deutschen Sprachschatz getilgt. Wortverbannung als Vergangenheitsbewältigung. Noch heute halten viele ältere Menschen Hitlers Rassenpolitik für mörderischen Wahn, glauben jedoch, an der Ideologie könnte etwas Wahres gewesen sein. Es war Mystik, wissenschaftlicher Unfug. Weder gibt es eine Rasse der Arier noch eine der Juden. Die einen sind eine Sprachfamilie, die anderen eine Religionsgemeinschaft. Ethnisch sind die Juden eine Mischung europider Rassen, ebenso die Arier.

In *Mein Kampf* spricht Hitler von der »gleichmäßigen Wesensart« einer Rasse, lobt das Reine, sagt bei Vermischung Unreinheit voraus. Eine Auslegung des Darwinismus, die den Anfang des 20. Jahrhunderts prägte. Rassenhygiene war Ende der zwanziger, Anfang der dreißiger Jahre en vogue.

Es ging die Sorge um, das deutsche Volk könne durch die Vermehrung alkoholsüchtiger, syphilitischer, beschränkter oder asozialer Elemente genetischen Schaden nehmen. Diese Furcht fand sich in allen politischen Richtungen vertreten. 1931, zwei Jahre vor Hitlers Machtergreifung, ergänzte die »Deutsche Gesellschaft für Rassenhygiene« ihren Namen durch den Begriff »Eugenik«. Prominente Humangenetiker wurden zu den vehementesten Verfechtern der nationalsozialistischen Rassenideologie. Erst verschworen sich Teile der Wissenschaft mit den Nazi-Machthabern, dann Teile der Medizin. 1933 wurde ein eugenisches Gesetz zur Zwangssterilisation verabschiedet für eine Vielzahl von Erkrankungen mit angeblich genetischer Wurzel.

Der Rassenwahn, der Antisemitismus, der Massenmord an sechs Millionen Juden folgte, so gesehen, einer inneren Logik, ohne Protest der wissenschaftlichen Elite, die beizeiten hätte Einhalt gebieten können. Das pseudowissenschaftliche Klima erst hat den Holocaust möglich gemacht – dies gilt es zu bedenken, angesichts heutiger »wissenschaftlicher« Bestrebungen, Normalität und abweichendes Verhalten neu zu definieren.

Auch anderswo führte der mißinterpretierte Darwinismus zu eugenischen Ideologien. Sie wurden beeinflußt von der gesellschaftlichen Szene der Jahrhundertwende und sie beeinflußten diese ihrerseits. In den USA wie im viktorianischen England diente die Eugenik als willkommene wissenschaftliche Erklärung für die Ansicht, daß die Arbeiterklasse minderwertig sei und selbst schuld an ihrem Schicksal.

Darüber hinaus bot die Rassenlehre eine bequeme Möglichkeit, die Öffentlichkeit von sozialen Problemen abzulenken und wirksame Maßnahmen zu deren Bewältigung zu verhindern. Herbert Spencer schrieb:

»Wir müssen in jenen falsche Menschenfreunde sehen, die, um das gegenwärtige Elend zu verhüten, weit größeres Elend über zukünftige Generationen bringen. Alle Verfechter der Armengesetzgebung gehören in diese Kategorie. Die harte Notwendigkeit, die, läßt man sie wirken, den Faulen die Sporen gibt und dem Zufall die Zügel anlegt, möchten diese Freunde der Unterstützungsempfänger außer Kraft setzen. Blind für die Tatsache, daß unter der natürlichen Ordnung der Dinge die Gesellschaft ihre kränklichen, schwachsinnigen, schwerfälligen, schwankenden, unzuverlässigen Mitglieder beständig aussondert, befürworten diese gedankenlosen Menschen ein Eingreifen, das nicht nur den Reinigungsprozeß unterbindet, sondern die Verunreinigung steigert.«[5]

Die Oberschicht der USA sah die Chance, ihren Status ein für allemal festzuschreiben, biologisch zu manifestieren. Die Reichen förderten deshalb die eugenische Bewegung durch finanzielle Mittel. 1907 wurde in Cold Spring Harbor auf Long Island, der New York vorgelagerten Halbinsel, ein Büro für eugenische Dokumentation eröffnet, finanziert durch die Harrimans, Kelloggs und Carnegies. Die Zentralstelle nahm erheblichen Einfluß auf Gesetzesinitiativen zur Verbesserung des amerikanischen Erbgutes. Zwischen 1900 und 1930 wurden in 30 amerikanischen Staaten Sterilisationsgesetze verabschiedet. Mindestens 60000 Menchen sind in dieser Zeit unfruchtbar gemacht worden, zumeist wegen sexueller Perversion, Alkoholismus, Kriminalität und Schwachsinn – eine eugenische Maßnahme, die im Volksmund *Mississippi-Appendectomy* (»Mississippi-Blinddarmoperation«) genannt wurde.

Auch Gesetze zur Verhinderung von Rassenvermischung wurden in einer Reihe von Staaten erlassen. Und 1924 verabschiedete der US-Kongreß das Gesetz über die Beschränkung der Einwanderung, begrenzte sie hauptsächlich auf Personen arischer und nordischer Abstammung. Dieses Gesetz wurde erst 1965 wieder abgeschafft.

Albert Wiggam, einer der führenden Genetiker jener Zeit, schrieb damals:

»Vererbung und Blut haben Amerika einen großen Teil seiner Streiks, seines politischen Chaos, seiner schrecklichen Unruhen und Bombenanschläge eingebracht – all das schändliche Tun und Treiben seiner unerwünschten Bürger.«[8]

Die Wissenschaft vergewaltigte die Genetik. Mit klarem Ziel. Es galt, gesellschaftliche Unruhen auf genetische Defekte zurückzuführen. Zur Rechtfertigung des sozialen Gefälles und zu dessen Festschreibung.

1935 empfahl der französische Chirurg Alexis Carrel, Professor am Rockefeller Institute in New York, 1912 mit dem Nobelpreis für Physiologie und Medizin ausgezeichnet, der amerikanischen Regierung »energische Maßnahmen gegen die Vermehrung der Minderwertigkeiten, Geisteskranken und Verbrecherischen«:

»Wir haben schon einmal davon gesprochen, daß gegenwärtig ungeheure Summen dafür verwendet werden, Gefängnisse und Irrenanstalten zu unterhalten, um die Öffentlichkeit vor unsozialen Elementen und Geisteskranken zu schützen. Wozu erhalten wir alle diese unnützen und schädlichen Geschöpfe am Leben? Die Unnormalen hindern die Normalen an ihrer vollen Entwicklung. ... Die ideale Lösung wäre es, wenn jedes derartige Individuum ausgemerzt würde, sowie es sich als gefährlich erwiesen hat. Verbrechertum und Geisteskrankheiten lassen sich nur verhüten durch ein fundiertes Wissen vom Menschen, durch Eugenik, durch Verbesserung der sozialen und Erziehungsverhältnisse, und schließlich dadurch, daß man keinerlei sentimentale Rücksichten mitsprechen läßt.«[9]

Der Weg ins Paradies ist mit Steinen gepflastert. Wer eine bessere Gesellschaft will, muß das sogenannte Böse ausmerzen. Radikal und endgültig, scham- und gewissenlos. Dem höheren Ziel verpflichtet. Einer höheren Sittlichkeit. Alexis Carrel:

»Die moderne Gesellschaft muß endlich entschlossene, grundsätzliche Maßnahmen treffen, mit dem Endziel, dem normalen Individuum zu seinem Recht zu verhelfen. Vor einer solchen Notwendigkeit haben philosophische Dogmen und sentimentale Vorurteile zu verstummen.«[9]

Innerhalb von zehn Jahren war aus dem Erbprogramm der Eugeniker ein Euthanasieprogramm der Mediziner geworden. Nicht alle äußerten sich wie Carrel. Aber viele dachten so. Fern vom Rassenwahn Hitlers hatte sich, völlig zeitgleich, eine Ideologie der Tötung des Abnormen entwickelt. Die Ausmerzung von Minderwertigen, Kriminellen, Geisteskranken, Asozialen weltweit? Also doch Zeitgeist?

Eine Entschuldigung des nationalsozialistischen Völkermords ist dies gewiß nicht. Aber eine Erklärung mit weitreichenden Konsequenzen.

Wenn nicht autoritäre Massenpsychologie oder sadistische Charakterstruktur Hitlers für den Genozid verantwortlich waren, was dann? »Die überwältigende Stärke bestimmter sozialer Vorurteile«, wie der amerikanische Psychologe Stephan Chorover glaubt? Er schreibt:

»Der Völkermord durch die Nazis war kein außergewöhnliches Symptom einer nationalen Psychose, sondern eine kalt berechnete Form von Verhaltenskontrolle, die das Wechselspiel von Definitionsgewalt und Macht an einem bestimmten Ort zu einer bestimmten Zeit besonders deutlich widerspiegelte. So betrachtet wird erklärlich, warum einflußreiche gesellschaftliche Kräfte die symbolische Macht einer angeblich objektiven soziobiologischen Wissenschaft dazu benutzen konnten, die radikale Ausrottung ›biologisch minderwertiger‹ Teile der Bevölkerung anzuregen, zu propagieren, zu verteidigen und zu rechtfertigen. . . . Der Weg führt in direkter Linie von einem scheinbar objektiven wissenschaftlichen Diskurs über die Ungleichheit der Menschen zu einer scheinbar rationalen Form der moralischen Diskussion über »lebensunwertes Leben« und weiter zur Endlösung: zur ›Auslöschung und Vernichtung von lebensunwertem Leben‹. . . . Dieser Prozeß, betrachtete man ihn aus der historischen Perspektive, zerstört nicht nur den Mythos, der Nazi-Genozid sei sozusagen über Nacht über eine weitgehend unvorbereitete

Gesellschaft hereingebrochen, er zeigt auch, daß ganz im Gegenteil die soziobiologische Saat des Genozids lange vor Hitler und seiner Nazibewegung tief in den fruchtbaren Boden des deutschen politischen Bewußtseins versenkt worden war.«[10]

Chorovers Interpretation bedarf einer einzigen Korrektur: Die Wurzeln der Rassenhygiene, Eugenik und Auslese sind nicht nur im deutschen politischen Bewußtsein der damaligen Zeit zu suchen. Sie sind dort nur besonders ausgeprägt gewesen. So gesehen ist die soziale Diffamierung des Abnormen nicht allein eine deutsche Errungenschaft. Aber in ihrer Brutalität eben eine *typisch* deutsche. Preußische Tugenden und eine hörige Wissenschaft waren es, die aus Eugenik so systematisch Ausmerzung machten, Vernichtungs-Perfektionismus – made in Germany.

Rassenhaß – eine höhere Moral?

Die Ideologie, die Vergötzung des Darwinismus, existiert auch heute fort. Immer noch muß der Stärkere überleben, der Evolution zuliebe.

Auch Konrad Lorenz rückte eigentlich niemals vom Kern seiner Überzeugung ab, biologische Mängel, kranke Gene, seien die Wurzel gesellschaftlicher Probleme. Zwar distanzierte sich der Verhaltensforscher glaubhaft von seiner damaligen Terminologie. Aber auch von deren Geist?

Für Lorenz ist Darwin der Prophet. Das Prinzip Auslese nennt er »den großen Konstrukteur«, wie ein Christ von seinem Gott spricht:

»Ich glaube an die Macht der menschlichen Vernunft, ich glaube an die Macht der Selektion und ich glaube, daß die Vernunft vernünftige Selektion treibt. Ich glaube, daß dies unseren Nachkommen in einer nicht allzu fernen Zukunft die Fähigkeit verleihen wird, jene größte und schönste Forderung wahren Menschentums zu erfüllen.«[11]

Konrad Lorenz ist Teil einer Bewegung, die sich in den Nachkriegsjahren in erheblichem Maße Gehör verschaffte: der Soziobiologie. Eine völlig unkritische Analogie-Wissenschaft, die von tierischem auf menschliches Verhalten schließt, als ob Gänse und Insekten Vorbilder für eine humane Gesellschaft sein könnten.

Erich Fromm hat den neodarwinistischen Ansatz von Konrad Lorenz 1973 scharf verurteilt. Er schrieb:

»Der soziale und moralische Darwinismus, wie ihn Lorenz predigt, ist ein romantisches, nationalistisches Heidentum, das ein echtes Verständnis der biologischen, psychologischen und sozialen Faktoren, die für die menschliche Aggression verantwortlich sind, zu verdunkeln neigt. ... Die ›Religion‹ des Sozial-Darwinismus gehört zu den gefährlichsten Elementen im Denken des letzten Jahrhunderts. Sie verhilft dem rücksichtslosen nationalen und Rassenegoismus zum Sieg, indem sie ihn zur moralischen Norm macht. Insofern Hitler überhaupt an etwas glaubte, so waren es die Gesetze der Evolution, die sein Handeln und speziell jede Grausamkeit rechtfertigten und heiligten.«[12]

Soziobiologen wie Lorenz oder der Insektenforscher Edward O. Wilson, der 1975 mit seinem Buch *Sociobiology: The New Synthesis* weltweit Furore machte, engen die menschliche Gesellschaft systematisch auf eine biologische Betrachtungsweise ein. Sie sprechen von der Diktatur der Erbanlagen, vom Egoismus der Gene, leisten damit, gewollt oder ungewollt, der Zuchtwahl, der Selektion, der Diffamierung des Andersartigen, Vorschub. Sie ignorieren die grausame Geschichte, die leidvollen Erfahrungen. Menschliches Verhalten, Charakter, Nächstenliebe sind, so meinen sie, nicht Ausdruck der Erziehung, nicht Ergebnis individueller menschlicher Freiheiten, sondern sind in den Genen verankert, als stecke die Moral im Zellkern. Der Umkehrschluß: Wer unmoralisch, charakterlos, wer anders als das biologische Ideal (blond und blauäugig?) ist, hat schlechte Gene.

Wilson schreibt:

»Im darwinistischen Sinne lebt der Organismus nicht für sich selbst. Seine primäre Funktion besteht noch nicht einmal darin, weitere Organismen hervorzubringen; er erzeugt Gene und fungiert als ihr zeitweiliger Träger.«[13]

Für Wilson gilt der Versuch, biologische Beweise für soziale Ungerechtigkeit zu liefern, als oberstes Gebot, eine »Schlüsselfrage der Humanbiologie« zu beantworten, nämlich die Frage ...

... »ob es eine genetische Disposition gibt, einer bestimmten Klasse anzugehören und bestimmte Rollen zu übernehmen. Es lassen sich durchaus Umstände denken, durch die es zu solchen genetischen Unterschieden kommt. Die Erblichkeit von zumindest einigen Intelligenzparametern und Gemütsstrukturen reicht für eine

Auslese ... in bescheidenem Umfang ... sehr wohl aus. ... Die Erbfaktoren des menschlichen Erfolgs sind stark polygenetisch und bilden eine lange Liste; bislang konnten nur einige wenige gemessen werden. Der IQ umfaßt nur eine Teilmenge der Intelligenzkomponenten. Weniger konkrete, aber ebenso wichtige Äquivalenzen sind Kreativität, Unternehmergeist, Energie und geistige Vitalität.«[13]

Die Absicht solcher Interpretationen ist nicht neu. Neu ist das Gewand. Es gilt zu beweisen, daß Gesellschaften *natürlicherweise* hierarchisch aufgebaut sind, und daß niemand über seinen genetischen Schatten springen kann, jedermanns Platz in der Hierarchie also von Geburt an festgelegt ist.

Moralisches Verhalten, genetisch programmiert, ist das biologische Überlebensprogramm. Wer Sand in das eugenische Getriebe streut, handelt unmoralisch. Wer den Schwachen stützt, stellt sich gegen die Verpflichtung, daß nur Stärke zählt, und daß nur der Stärkste überleben darf. Der soziale Darwinismus taugt damit vortrefflich auch als Rechtfertigung für eine Ellenbogen-Gesellschaft, in der es als Leistung zählt, sich über andere hinwegzusetzen, andere zu unterdrücken. Es lebe die Sklaverei, denn sie läßt sich genetisch begründen!

»Die Daten über Intelligenzquotienten und -unterschiede zwischen gesellschaftlichen Klassen zeigen, daß wir seit einiger Zeit mit einer ererbten Schichtung unserer Gesellschaft leben« ...[14]

... schrieb der amerikanische Genetiker Richard J. Herrnstein im Jahre 1971. Er schlug vor, in Volkszählungen auch Aussagen über den Intelligenzquotienten zu sammeln. Auf diese Weise könne festgestellt werden, wo durch Sterilisationsmaßnahmen das Bevölkerungswachstum zu begrenzen sei. Herrnstein stand mit seiner Forderung nicht allein. Im gleichen Jahr schrieb der Biologe Bernard D. Davis:

»Ich frage mich, ob nicht ein eugenisches Programm entstehen wird, das in erster Linie darauf abzielt, die Geburtenzahl von Individuen zu verringern, deren genetische Ausstattung ihre Fähigkeit begrenzt, mit einer technologisch komplexen Umwelt fertig zu werden.«[15]

Mit der Häufung solcher Aussagen wissenschaftlicher Autoritäten wird deutlich, daß die angebliche Objektivität und Neutralität naturwissenschaftlicher Erkenntnisse ein Mythos ist, der dem Ziel dient, eine gesellschaftliche Kontrolle zu ermöglichen. Der amerikanische Biochemiker und Eugenik-Kritiker Jonathan Beckwith schrieb 1974:

»Die getroffenen Entscheidungen sind nicht Teil einer wohlorganisierten Verschwörung, sondern vielmehr das natürliche Ergebnis einer Reihe von Voreingenommenheiten, die die Situation beeinflussen: Voreingenommenheiten der Naturwissenschaftler und derer, die sie unterstützen; ... die Voreingenommenheit des Arztes, der dazu neigt, die Interpretationen der Wissenschaftler zu akzeptieren, da sie sich bequem mit seinen eigenen Wertvorstellungen ... vereinbaren lassen, die Voreingenommenheit der Eltern, die in einer Gesellschaft leben, deren maßgebende Werte von einer herrschenden Klasse festgelegt werden, die entschlossen ist, ihre Privilegien zu verteidigen.«[16]

Auch der Konflikt um die Soziobiologie läßt sich auf diesen Nenner reduzieren. Wer predigt, Altruismus, Nächstenliebe, sei Eigennutz der Gene, biologische Notwendigkeit also, tarnt damit nur die Folgerung, daß es auch moralisch ist, bestehende soziale Klassenunterschiede zu zementieren, da es den Genen nicht hülfe, die Schwachen künstlich zu stärken.

»Die letztliche moralische Entscheidung unserer Art liegt darin, ob wir unter allen Umständen biologisch überleben wollen, oder ob wir dann moralische Prinzipien, die niemals nur biologisch begründet werden können, aufgeben müßten. Wenn es also zum Beispiel nach einer Atomkatastrophe 70 Prozent mißgebildete Neugeborene gäbe und wir die nicht – wirtschaftlich und psychologisch – aufziehen könnten, dann käme der moralische Entscheid, wollen wir nun diese 70 Prozent euthanasieren und damit nach gegenwärtigen Normen als moralische Art aufhören zu existieren, obwohl wir biologisch überleben oder wollen wir lieber die biologische Art riskieren. Es gibt also ein biologisches Überleben und ein Überleben der moralischen Normen und ich halte dafür, daß die moralischen Normen unabhängig sein müssen, ihrer Natur nach, von biologischen Gesetzmäßigkeiten und biologischen Überlebenszielsetzungen« ...[17]

... führt der Züricher Verhaltensforscher Hans Kummer aus. Eine Trennung gebietet schon die Geschichte. Auch die Nationalsozialisten hielten ihre Rasse, hielten deren biologisches Überleben für gefährdet und setzten alle moralischen Normen außer Kraft. Denn wer die Macht hat, hat auch die Definitionsgewalt, wann das biologische Überleben gefährdet ist.

Und immer wieder werden Ergebnisse aus der Verhaltensforschung an Tieren zweckentfremdet. 1980 veröffentlichte der Münsteraner Zoologe Gerd-Heinrich Neumann die Hühnern und anderen Tieren abgeschaute Erkenntnis, Fremdenhaß sei genetisch programmiert. Seine These: Die weltweite Verbreitung von Vorurteilen ist angeboren. Furcht vor Fremden, Aggressivität gegenüber Außenseitern habe eine biologische Wurzel. Oder soziobiologisch formuliert: Es diene der Erhaltung der Gene, Außenseiter abzulehnen. Demnach gälte nicht nur Nächstenliebe, sondern auch Fremdenhaß als eine biologische Notwendigkeit, gegen die sich aufzulehnen nicht nur zwecklos, sondern gefährlich wäre? Das sind Befunde, die so recht ins Konzept der modernen Rassenhygieniker passen.

Die Kritik an der Soziobiologie ist vehement. Niemand bestreitet dabei, daß es eine biologische Ungleichheit von Geburt an gibt. Individualität hat natürlich *auch* oder *sogar primär* eine genetische Wurzel. Erziehung und Formung, also Umwelteinflüsse, allein können die menschliche Diversität nicht erklären.

Soziobiologie und Sozialdarwinismus dienen indes als Rechtfertigung *sozialer* Ungleichheiten. Die Wissenschaft wird so zum Machtinstrument, definiert Sklaven und Sklavenhalter. Wer nicht mit entsprechenden Erbanlagen ausgestattet wurde, ist chancenlos.

Die fraglichen Gene, schreibt der amerikanische Psychologe Stephan Chorover, wurden erfunden, um soziale Vorurteile darüber, wie Menschen sich »natürlich« verhalten, wie sie der Norm entsprechen, zu bekräftigen.

»Seit es einen politischen Diskurs gibt, basieren Versuche, soziale Ungleichheit zu rechtfertigen, auf soziobiologischen Unwahrheiten, die die Tatsache der menschlichen Diversität subtil und überzeugend in die soziale Fiktion einer Existenz von höher- und minderwertigen Menschen übersetzen. Sind diese Menschen erst in einer Weise eingestuft, die den neidvollen Vergleich anhand einer willkürlichen Skala erlaubt, dann können auch die Merkmale, in denen Individuen oder Gruppen differieren, leichter gemessen und kontrolliert werden, und eine Atmosphäre wissenschaftlicher ›Objektivität‹ umgibt die Diskussion, in denen Menschen so sehr als Rohmaterial betrachtet werden, daß man sie erzeugen, manipulieren, vermarkten oder (wenn mächtige Interessen es wünschen) nicht mitzählen, ausrangieren oder vernichten kann.«[10]

Die Eugenik ist tot – es lebe die Eugenik!

Die Eindimensionalität der Soziobiologie ist die Elle, an der der Mensch gemessen wird. Und die Humangenetik wird zum modernen Orakel. Ihr Schiedsspruch entscheidet das Schicksal: normal oder abnorm, gesund oder krank, gut oder böse. Und der Diagnose folgt die Therapie: aussondern, isolieren, umpolen, betäuben. Ausmerzen tut nicht mehr not. Das Paradies läßt sich auch ohne dies verwirklichen. Ohne Verbrecher, ohne Geisteskranke, ohne Asoziale, ohne Zigeuner, ohne Intellektuelle.

Eine genetisch reine Gesellschaft ohne Sonderlinge, ohne Angst, eine glückliche Gesellschaft.

Der Ruf nach Auslese, nach einem genetischen Elixier, nach Massenkontrolle von Eltern und Säuglingen, nach Selektion lebenswerten und lebensunwerten Lebens, ist lautstärker geworden.

Das Erbgut des Menschen habe sich verschlechtert, weil es mit Hilfe der modernen Medizin gelänge, genetisch abnorme Individuen so lange am Leben zu halten, bis sie zeugungsfähig seien, sagt der Genetiker Leon Kass. *Also medizinische Hilfe verweigern?*

Die Zahl der Menschen, die an Erbfehlern leiden, werde größer – sagen die Eugeniker. Innerhalb von nur 30 Jahren habe sich, so fand der Biologe Marc Lappé von der University of Pennsylvania heraus, in der niederländischen Bevölkerung das Auftreten des tödlichen Augenkrebses (Retinoblastom), einer Erbkrankheit, verdoppelt. Die Erkrankung sei zwar zu behandeln, durch Entfernung des Auges, das auslösende Gen werde jedoch von Generation zu Generation weitergetragen. Lappé hält überdies die Veränderungen in der westlichen Familienstruktur für eines der Übel. Eheschließungen zwischen Verwandten hätten eine Verbesserung der genetischen Qualität zur Folge. *Also Inzucht empfehlen?*

Der amerikanische Genetiker Theodosius Dobshansky prophezeit eine zunehmende Verschmutzung der Gene. Er beklagt, daß die natürliche Auslese nicht mehr funktioniere. Unsere zivilisatorischen Errungenschaften seien schuld, daß auch körperlich Schwache und geistig Beschränkte bequem überleben können. *Also den Abnormen das Recht auf Leben streitig machen?*

Müssen wir die Gesellschaft um ihrer selbst willen genetisch neu definieren? Auf Molekülebene? Und dann konsequent handeln?

Jeder von uns, rechnen die Humangenetiker vor, habe mindestens ein paar genetische Defekte; nur wenige Prozent der Bevölkerung seien frei von Risikogenen. An welcher Norm aber richtet sich die genetische Definition aus? Wer ist der genetisch Beste, an dem sich alle orientieren müssen? Ist die Norm eine Frage der Majorität? Gibt es ein demokratisches Prinzip in der Biologie? Oder aber feststehende Kriterien, molekulare Wahrheit?

Die Humangenetiker können diese Frage nicht beantworten, sobald eine Erbanlage einen Menschen nicht sichtbar oder spürbar benachteiligt. Etwa 3000 Erbkrankheiten sind heute bekannt. Wer eine Bluterkrankung, eine Muskeldystrophie, einen Wolfsrachen ererbt, leidet darunter, weil die Majorität darunter nicht leidet.

Ist die Majorität nicht klar erkennbar, sinkt die Benachteiligung, sinkt das Leid: Auch Männerglatze führt die Wissenschaft als Erbkrankheit.

Den genetisch idealen Menschen gibt es so wenig wie es Kriterien gibt, was individuelles Leid ausmacht. Litt der amerikanische Präsident Abraham Lincoln, weil er eine Reihe erbbedingter Anomalien aufwies? Litt der britische Dichter Lord Byron, weil er einen Klumpfuß hatte? Litt Dostojewski, weil er Epileptiker war?

Leidet der geniale Mathematiker Stephan W. Hawking, dessen Krankheit, ein fortschreitender Muskelschwund, ihn an den Rollstuhl fesselt, hilflos macht, zu einem bloßen Hirn-Wesen werden läßt? Die Beispiele ließen sich fortsetzen.

Sie alle litten und leiden an den Reaktionen ihrer Umwelt. Und gleichwohl macht ihr Leid ihr Leben nicht lebens*un*wert – im subjektiven wie im objektiven Sinne.

Leidet das mongoloide Kind an seiner Krankheit? Oder an den Reaktionen der Umwelt? Wer jemals mongoloide Kinder miteinander spielen sah, muß zu dem Schluß kommen, daß sie in *ihrer* Welt glücklich sein können. Wer also setzt die Maßstäbe? Wer entscheidet für wen, wenn eine Untersuchung des Fruchtwassers in Rahmen der »pränatalen Diagnostik« (Amniozentese) die Geburt eines mongoloiden Kindes erwarten läßt? Die Mutter für ihr Kind? Die Gesellschaft für die Mutter? Die Mutter für die Familie, für sich?

»Es ist einfach blödsinnig, zu behaupten, auch als mißgestaltetes Kind könnte man glücklich sein. Wer das sagt, hat dergleichen meist nie selbst erlebt. Ich habe in meiner Verwandtschaft einen solchen Fall und kann da aus eigener Erfahrung sprechen. Natürlich ist es ein schwerer Schritt, die Entscheidung zu treffen, ob man ein krankes Kind akzeptieren oder ihm Leid ersparen soll.«[18]

So urteilt James D. Watson, Genetik-Nobelpreisträger wie sein britischer Kollege Francis Crick, mit dem zusammen er 1953 die Struktur der Erbsubstanz Desoxiribonukleinsäure (DNS) entdeckte. Da sich viele Mißbildungen und schwere Defekte oft erst nach der Geburt erkennen ließen, stimme er, Watson, überdies dem Vorschlag seines Freundes Crick zu, . . .

. . . »Neugeborene erst drei Tage nach der Geburt als lebend zu ›erklären‹ und während dieser Frist den Eltern die Möglichkeit zu geben, einem unheilbar kranken Kind ein qualvolles Leben zu ersparen. Es wird ja heute schon, ohne daß man darüber redet, in solchen Fällen von den Ärzten passive Euthanasie getrieben. Wir wissen das doch alle, wollen es nur nicht öffentlich breittreten!«[18]

Wenn passive Euthanasie, warum dann nicht auch aktive? Wenn in den ersten drei Tagen, warum dann nicht auch in den ersten drei Jahren? Die Auslese macht es erforderlich, Gesetze über Bord zu werfen, überkommene ethische Wertvorstellungen, »philosophische Dogmen und sentimentale Vorurteile«, wie Alexis Carrel schrieb. Alle Macht den Ärzten. Den Eltern. Dem Staat?

Schon 1970 forderte der amerikanische Genetiker Bentley Glass in seiner Abschiedsrede als Präsident der renommierten Wissenschaftsorganisation »American Association for the Advancement of Sciene«:

»Unbegrenzter Zugang zu einer staatlich regulierten Abtreibung in Verbindung mit den gegenwärtig perfektionierten Techniken zur Entdeckung von Chromosomenanomalien im wachsenden Fötus wird uns von einigen Prozent aller Geburten befreien, die heute unkontrollierbare Defekte darstellen. . . . Kein Elternpaar wird das Recht haben, die Gesellschaft mit einem mißgestalteten oder geistig behinderten Kind zu belasten.«[19]

Glass sagte auch, wie sich durchsetzen ließe, daß nur noch normgerechte Kinder geboren werden: »An den einstmals geheiligten Rechten des Menschen muß sich vieles ändern.«

Am California Institute of Technology und an der Johns Hopkins University in Baltimore sind bereits erste Gen-Dateien angelegt worden. Sie speichern Informationen über menschliche Erbmaterie. Wenn auch bislang erst einige der 50000 Gene in ihren Funktionen bekannt sind, könnten die Datenbanken zukünftig zu den Hütern einer genetischen DIN-Vorschrift werden, zu Wahrheitsministerien. Ist die Säuglingskontrolle, wie von Watson und Crick vorgeschlagen, mit Überprüfung in den genetischen Registern, eine Utopie?

Seit vielen Jahren erlaubt die Entnahme von fötalen Zellen aus dem Fruchtwasser die Diagnose von Erbkrankheiten lange vor der Geburt. Die Zellen des ungeborenen Kindes werden kultiviert und geben dann ihr Erbprogramm preis. Neuerdings sind vorgeburtlich sogar optische Begutachtungen auf äußere Mißbildungen und Gewebeentnahmen zur Überprüfung von Stoffwechselstörungen möglich.

Durch die Fortschritte bei der genetischen Erkundung des Menschen gelingt es dank der vorgeburtlichen Diagnose, den Zeitpunkt für den eugenischen Eingriff grundsätzlich in die erste Hälfte der Schwangerschaft zu verlegen, in eine moralische Grauzone. Abtreibung aus medizinischen Gründen ist ethisch unanfechtbar, sieht man einmal von der Lehre der katholischen Kirche ab. Wie moralisch verwerflich ist der Paragraph 218? Wird ein emanzipatorisches Instrument ungewollt zur Ausmerz-Methode? Daß es dabei um soziale Gesichtspunkte geht, dem beschränkten Kind ein Leben in der brutalen Umwelt zu ersparen, macht das Auslese-Prinzip noch deutlicher. Die Schwachen sind a priori chancenlos. Laßt uns darum nur Starke gebären! Darwinismus im Mutterleib – eine Geschichte über den Unwert und Wert des Lebens.

Nun muß man, um gerecht zu sein, akzeptieren, daß kein Elternpaar wissentlich ein geisteskrankes, mißgebildetes Kind haben möchte. Das ist mehr als verständlich, das ist menschlich, und in der Regel nicht einmal nur egoistisch. Schon die Griechen stießen ihre behinderten Kinder über den Felsen.

»Es muß klar sein, daß sich die Euthanasie der Spartaner, die ihre mißgebildeten Kinder den Felsschluchten des Taygetos-Gebirges überließen, von der Schwangerschaftsunterbrechung aufgrund genetischer Indikationen biologisch gesehen nur im

Zeitpunkt unterscheidet. ... Bei der zu erwartenden Weiterentwicklung humangenetischer Methoden wird es schwer sein, die Grenzen zu definieren, durch die entschieden wird, ob ein Erbleiden bei einem Kind Anlaß für eine Schwangerschaftsunterbrechung sein darf oder nicht.«[20]

Dies schreibt der Humangenetiker Werner Schloot. Die Macht des Instrumentariums kennt keine Grenzen. Schloots Kollegen berichten, daß sich immer mehr schwangere Frauen um eine genetische Vorsorgeuntersuchung bemühen. Sie wünschen einen biologischen Garantieschein für lebenswertes Leben. In zunehmendem Maße erkämpfen sich Eltern ihr vermeintliches Recht, ohne Rücksicht auf die medizinischen Risiken des Eingriffs, eine Fehlgeburt zum Beispiel, ohne Rücksicht auch auf die schmalen Kapazitäten in der Bundesrepublik. Egoismus siegt über Bedürftigkeit.

Die Ärzte können sich mit rationalen Argumenten gegen den emotionalen Trend nicht durchsetzen. Frauen stellen sich bewußt der medizinischen Erfahrung entgegen, daß die Gefahr, ein mongoloides Kind zur Welt zu bringen, erst über einem Alter von 38 Jahren das medizinische Risiko der Operation, der Fruchtwasserentnahme, rechtfertige. Vorsorge aus falschverstandener Nächstenliebe?

Manche Schwangere haben panische Angst, ein erbkrankes Kind zu gebären, fürchten Komplikationen, als brächte jede zweite Geburt geistige und körperliche Krüppel hervor. Tatsächlich liegt das Risiko für die bekannten Erbkrankheiten bei nur rund einem Prozent.

Viele fühlen sich zu schwach, die Probleme durchzustehen. Die moderne Leistungsgesellschaft kann nur vollwertige, normgerechte Mitglieder verkraften, nicht Verhaltensabweichungen, schon gar nicht Gebrechen. Führt also die Macht über Empfängnis, Schwangerschaft und deren Beendigung zum gesellschaftlichen Anspruch auf lebenswertes Leben? Werden Behinderungen dann von der Gesellschaft nicht mehr toleriert, werden sie zu einer vermeidbaren biologischen Panne, zu einer unnötigen Belastung der Solidargemeinschaft? Müssen Ballastexistenzen, sozial wie ökonomisch, nicht sein?

Eine zunehmende gesellschaftliche Abwehr gegen abnormes Leben registriert auch der Freiburger Medizinethiker Eduard Seidler. Er schreibt:

»Die Angst des Menschen vor der eigenen Mißgestalt, dieses ›archaische Bild‹, sichtbar seit Menschengedenken in den Vorstellungen von der buckligen Hexe, dem hinkenden Teufel oder dem schielenden Bösen, wird um so präsenter, je mehr die Medizin verspreche, gesunde Kinder ›anzubieten‹.«[21]

Am Ende ein neuer Mensch? Am Ende ein einklagbares Recht auf Normalität?

Die werdenden Eltern, die ihr Recht auf vorgeburtliche Diagnose geltend machen, stammen überwiegend aus sozial gehobenen Schichten, gehören zum Bildungsbürgertum. Es sind die Priviligierten, die Auslese betreiben. Die Elite züchtet die Elite. Steht am Ende ein Klassenkampf ums normgerechte Überleben der sozialen Kaste?

Und warum eigentlich nur Leben ausmerzen, das von der *gesundheitlichen* Norm abweicht. Was spricht gegen blonde, blauäugige intelligente Knaben, wenn dies die Ideale eines Elternpaars sind?

Was spricht gegen Geschlechtswahl, wenn sich die Familie nach fünf Töchtern endlich einen Stammhalter wünscht? Sind das nicht auch ehrenwerte Motive? Ist es nicht nur eine Abkürzung der alten chinesischen Methode »Weitermachen bis ein Junge kommt«?

Der amerikanische Gynäkologe Karlis Adamsons gab schon vor zehn Jahren zu, daß die Geschlechtswahl bei der vorgeburtlichen Diagnose durchaus eine Rolle spiele.

»Wenn jemand den Wunsch hat, ein Kind des anderen Geschlechts zu haben als das, das vorliegt, . . . würde ich vorschlagen, die Schwangerschaft zu unterbrechen und mit einer neuen zu beginnen . . . Da sagen wir dann, die geistig-emotionale Gesundheit der Mutter ist gefährdet. . . . Wir vermögen nicht einzusehen, warum wir uns nicht bereit erklären sollen, eine Schwangerschaft zu unterbrechen, wenn die Frau unbedingt einen männlichen Nachkommen haben will, aber bislang nur Töchter geboren hat.«[22]

Seitdem hat, mit zunehmender Liberalisierung des Schwangerschaftsabbruchs in den USA, Adamsons eine Vielzahl von Föten ausgemerzt, deren einziger Fehler war, das falsche Geschlecht zu besitzen. Ärztliche Barbarei, sagen die einen. Karlis Adamsons sagt:

»Wir geben allmählich die Rolle ab, die wir in früheren Generationen besessen haben. Heute würden wir uns schuldig fühlen, wenn wir dem Wunsch nicht entsprächen, den Eingriff verweigerten. Die ethische Grenze ist die Verpflichtung gegenüber dem Patienten.«[22]

Das weibliche Geschlecht wird einer Erbkrankheit gleichgesetzt. Wo bleibt da der Aufschrei der Feministinnen, die doch so emphatisch für ihr Recht gekämpft haben, über ihre Schwangerschaft selbst entscheiden zu können?

Derlei Entwicklungen sind auch hierzulande zu beobachten: Der Humangenetiker Jan-Diether Murken mußte sich bereits mehrfach juristisch mit Eltern auseinandersetzen, die nach einer Fruchtwasseruntersuchung die Bekanntgabe des Geschlechts verlangten, um gegebenenfalls auf das Kind verzichten zu können. Und wie verhalten sich Eltern, denen die Auskunft verweigert wird, nach der Geburt gegenüber ihrem Kind, das in ihren Augen ein Stigma trägt, nämlich das, Junge statt Mädchen, Mädchen statt Junge zu sein?

Der New Yorker Soziologe Amitai Etzioni, Verfasser eines einschlägigen Buches über die neue Eugenik, sieht die Gefahr, ist gleichwohl ratlos:

»Wir erlauben den Leuten in diesem Lande, eine Abtreibung aus irgendeinem Grund vornehmen zu lassen, vielleicht weil sie nach Paris fliegen wollen oder weil sie erst ihr Studium beenden möchten. Also warum nicht auch, weil das Kind nach ihrer subjektiven Meinung nicht den genetischen Vorstellungen entspricht? Das gilt für das extremste Beispiel: die Geschlechtswahl. Sie können nicht, wenn Sie grundsätzlich Abtreibungen freigeben, einen Grund herausgreifen und sagen: Aber nicht in diesem Fall!«[23]

Der Arzt als Handlanger. Noch entspricht er nur den ausgesprochenen Wünschen der Eltern. Und wenn der Staat Wünsche äußert? Oder der Zeitgeist ruft?

Eine Zeitlang ließ eine genetische Beratungsstelle im Süden der Republik Eltern eine Abtreibungs*verpflichtung* unterschreiben, für den Fall, daß sich bei der vorgeburtlichen Diagnose die Chromosomenstörung des Mongolismus herausstellen sollte. Sogar der wissenschaftliche Beirat der Bundesärztekammer forderte 1980 in einem Gutachten zur vorgeburtlichen Diagnostik, daß nur noch gesunde Kinder geboren werden sollten.

Ist die ärztliche Einstellung, die sich bar jeder eigenen Ethik zum Dienstleistungsgewerbe degradieren läßt, noch so weit entfernt von der der medizinischen Folterknechte des Dritten Reiches? Der Patient befiehlt, ich folge ihm.

Und je einfacher die Methode, desto eher lassen sich die letzten Skrupel beseitigen. Der amerikanische Genetiker Michael Iverson entwickelt ein Verfahren, das Geschlecht des Nachkommen und seine genetische Konstitution aus dem Blut der Schwangeren abzulesen. Die letzte Schwellenangst vor der operativen Fruchtwasserentnahme wäre damit abgebaut. Ein kleiner Aderlaß gäbe präzise Auskunft.

»Ich glaube, wenn man die Eltern gut berät, sollte es keinen Mißbrauch im großen Stil geben«, meint Michael Iverson.[24] Er kann dabei mit gutem Recht darauf verweisen, daß die Methode enorme Verheißungen für die betroffenen Familien beinhalten würde, deren Kinder schon gravierende genetische Defekte aufweisen und die sich so gerne ein gesundes Baby wünschen. Oder endlich einen Knaben?

Was aber passiert, wenn die Natur dem Sozialdarwinismus ein Schnippchen schlägt? Wenn das geborene Kind entgegen der ärztlichen Zusage nicht gesund, normal, männlich oder blauäugig ist? Wer steht dann in der Verantwortung? Die Rechtsprechung hat da einen Präzedenzfall. So geschehen 1980 im US-Staat Kalifornien.

Shaunda Curlander kam mit dem schweren Erbleiden der Tay-Sachs-Krankheit auf die Welt – trotz vorheriger genetischer Überprüfung. Nichts, so waren die Eltern seinerzeit beruhigt worden, deute darauf hin, daß sie ein schwachsinniges Kind haben würden. Shaunda *war* schwachsinnig. Die Eltern verklagten die Beratungsstelle, und der kalifornische Richter sprach Recht: Mit seiner Geburt sei dem Kind unzumutbares Leid zugemutet worden. Das genetische Institut wurde verurteilt, dem bedauernswerten Kind einen lebenslangen Unterhalt zu zahlen. Soweit so gut: Dienstleistungsbetriebe sind regreßpflichtig, auch in anderen Branchen.

Was aber, wenn die Eltern den fachlichen Rat, Shaunda nicht auszutragen, ignoriert hätten? Aus religiösen Gründen beispielsweise? Hätte die Tochter ihre Eltern dann verklagen können, weil sie ihr das Leben gaben? Kann die Existenz eines Menschen Unrecht sein? Der kalifornische Richter bejahte die Frage: »Wer entgegen einem medizinischen Rat die Möglichkeit in Kauf nimmt, einem Menschen zu schaden, muß damit rechnen, daß er dafür zur Verantwortung gezogen wird.«[25]

Auch wenn dies wahrscheinlich nur die persönliche Meinung eines kalifornischen Richters ist, zeigt der Fall Konsequenzen auf. Wird es nicht aus *moralischer Verpflichtung* oder aus *finanzieller Vorsorge* unerläßlich, alle möglichen genetischen Tests durchzuführen, um – dem Stand der medizinischen Kenntnisse entsprechend – jedes denkbare Risiko auszuschließen? Wer kommt schon gern gebrandmarkt auf die Welt, gesundheitlich oder sozial benachteiligt? Unterlassene Hilfeleistung ist ein juristischer Tatbestand. Nicht geboren zu werden kann – so interpretiert – subjektiver Vorteil sein. Objektiver ohnehin. Das ist die Moral des Sozialdarwinismus.

Nicht geboren zu werden, ist womöglich auch Unternehmergewinn, ist Dividende.

Zum »Schutz ungeborenen Lebens« verlangten American Cyanamid, Allied Chemical und andere Firmen 1979 von Arbeiterinnen bestimmter Betriebsteile den Nachweis der Gebär*un*fähigkeit. Falls sie sich nicht sterilisieren ließen, teilte die Werksleitung 17 Frauen in der Farbstoffabteilung von Cyanamid mit, müßten sie mit einem schlechter bezahlten Job vorliebnehmen oder aber gehen. Der Grund: Die dort produzierten Farbstoffe könnten den Fötus schädigen. Brächte eine der Arbeiterinnen ein genetisch defektes oder mißgebildetes Kind zur Welt, müßte das Unternehmen mit einem kostspieligen Schadensersatzprozeß rechnen.

»Aber es ist doch nicht richtig, daß eine Firma dich auffordern kann, so etwas zu machen. Ich habe mich sterilisieren lassen, weil ich Angst um den Job hatte und weil ich den Lohn brauche«,[26] erklärte die 43jährige Lola Rymer, Mutter von drei Kindern.

Und Chemikalien wirken auch über die Samenfäden des Mannes, können die Spermatozoen verändern. In der Bundesrepublik gehen über 15000 Personen in mehr als 400 Betrieben mit krebserzeugenden, Mißbildungen hervorrufenden Chemikalien um. Werden auch sie, zum »Schutz des ungeborenen Lebens«, alsbald vor der Alternative stehen: Steril oder arbeitslos?

Genetisches Außenseitertum bedeutet ohne Frage soziale Unterdrückung, selbst wenn die Betroffenen gar nicht erbkrank im medizinischen Sinne sind. Auch das nennt man Vorsorge. Früher nannte man das Rassenhygiene.

Die Sichelzellenanämie zum Beispiel: Von dieser Bluterkrankung sind etwa 0,2 Prozent der amerikanischen Neger betroffen.

Ihre Erbsubstanz enthält zwei abnorme Gene, die für sichelförmig mißgestaltete Blutkörperchen verantwortlich sind – eines vom Vater, eines von der Mutter. Sichelzellenanämie ist eine schwere Erbkrankheit.

Sehr viel häufiger sind indes mischerbige Träger des Sichelzellengens. Acht Prozent der dunkelhäutigen amerikanischen Bevölkerung weisen ein normales und ein abnormes Gen auf. Sie sind gesund, haben die gleiche Lebenserwartung wie der Durchschnitt, sind leistungsfähig, sind normal.

Zeugen zwei Mischerbige Kinder, ist, statistisch gesehen, jedes vierte sichelzellenkrank. Ein sehr hohes Risiko. Muß man also ahnungslose Mischerbige vor dem Risiko warnen? Durch einen einfachen Bluttest gelingt es, ein gefährdetes Ehepaar zu selektieren, ihm Kinderlosigkeit oder zumindest pränatale Diagnostik anheimzustellen.

Aus dem Risiko-Gen wurde mit diesem Test ein Kainsmal. Ein Stigma. Ein biologischer Judenstern. Weil die Vorsorgemaßnahme in ein gigantisches Überwachungsprogramm ausartete, in einen Sichelzellen-Rassismus.

Wie bei der Brandmarkung der Sklaven im Altertum verlangten eine Reihe amerikanischer Staaten einen Bluttest für heiratswillige Neger. Für Schulkinder wurde eine Überwachungspflicht eingeführt. Industriebetriebe lehnten es ab, Mischerbige anzustellen, ebenso Armee und Luftwaffe. Kranken- und Lebensversicherungen erhöhten ihre Prämien. In Washington behandelte man die genetische Abnormität rechtlich gesehen wie eine ansteckende Krankheit, Mischerbige wie Aussätzige.

Gleiches gilt für die XYY-Anomalie. Deren Träger weisen in ihren Zellen ein drittes Geschlechtschromosom auf: zusätzlich zu den Geschlechtschromosomen des Mannes X und Y ein Y. Im Durchschnitt der Bevölkerung gibt es unter 800 Männern einen mit dieser Abweichung.

Die Betroffenen sind überdurchschnittlich groß, unfruchtbar, nicht sehr intelligent und haben häufig Hautakne. Ansonsten sind sie normal. Doch seit den sechziger Jahren sagen eine Reihe von Humangenetikern den XYY-Männern nach, sie seien besonders aggressiv und überdies kriminell veranlagt. Macht die Chromosomenanomalie ihre Träger zu Verbrechern?

1965 ergab eine Studie an den Insassen eines schottischen Gefängnisses, daß 3,5 Prozent der Häftlinge Träger der Chromosomenstörung sind, weit mehr als im Bevölkerungsdurchschnitt. Richard Speck, der im Jahre 1966 in Chicago acht Schwesternschülerinnen bestialisch ums Leben brachte, wurde als XYY-Mann klassifiziert. War er Gefangener seiner Gene? Vor den Geschworenen fand er keine Gnade, wurde zum Tode verurteilt. Später stellte sich heraus, daß sein Chromosomensatz normal war. Doch der Mär von der im Erbprogramm verankerten Gewalt tat das keinen Abbruch.

Die beiden Humangenetiker Walter Fuhrmann und Friedrich Vogel schrieben:

»Die Männer vom XYY-Typ fallen nicht nur durch ihre besondere Größe auf, sondern sie zeigen vielfach auch ein besonders aggressives Verhalten, das sie oft mit dem Gesetz in Konflikt bringt; dabei stehen sexuelle Aggressionshandlungen im Vordergrund.«[27]

Humangenetiker gingen in den Zeugenstand. Strafverteidiger versuchten, für ihre Klienten, sofern sie Träger des zusätzlichen Y-Chromosoms waren, Strafmilderung durchzusetzen. Eine Untersuchung belegte, daß die Geschworenen durch genetische Gutachten gegenüber den Angeklagten voreingenommen waren.

Eine breitangelegte Studie, in der seit 1968 alle männlichen Neugeborenen der Bostoner Frauenklinik auf die Anomalie untersucht wurden, mußte sieben Jahre später abgebrochen werden, weil der Widerstand kritischer Wissenschaftler zu groß geworden war. Deren Argument: Die Eltern würden verunsichert, bekämen Vorurteile gegenüber ihren Söhnen, lösten dadurch erst Erziehungsprobleme und menschliche Tragödien aus. Das stelle darüber hinaus auch den Wert der Untersuchungen in Frage, kritisierte der Biochemiker Jonathan Beckwith. Er sagte:

»Was mich besorgt, sind die Bestrebungen, Föten und Kinder nach genetischen Gesichtspunkten zu bewerten. Mich beunruhigen die Probleme, wer hier Entscheidungen trifft und Wertmaßstäbe setzt. Damit im Zusammenhang zu sehen ist die Tendenz, die Ursachen für soziale Probleme in genetischen Unterschieden zu suchen, zum Beispiel bei kriminellem Verhalten in der XYY-Chromosomenstörung. Und dabei ängstigt mich der Gedanke, daß solche Schritte notwendigerweise zu viel ernsteren genetischen Programmen und zu einer sozialen Kontrolle durch die Genetik führen.«[28]

Einige Jahre später schaffte eine Mammutuntersuchung an 4500 dänischen Männern Klarheit. Die Studie trug den Mythos der Mörder-Chromosomen zu Grabe. Zwar geraten die XYY-Männer tatsächlich häufiger mit dem Gesetz in Konflikt, aber ausschließlich in Form von Eigentums- und Betrugsdelikten, ohne Anzeichen von Gewalt. Der amerikanische Psychologe Herman A. Witkin leitete die Erhebung. Er sagte:

»Tatsächlich zeichnen sich die XYY-Männer durch einen geringeren Intelligenzquotienten aus. Sie sind deshalb wahrscheinlich nicht clever genug, der Justiz durch die Maschen zu gehen oder gar unentdeckt zu bleiben. Die XYY-Träger sind deshalb in der Statistik überrepräsentiert. Wir sahen jedenfalls keinen Zusammenhang zwischen der Anomalie und einer besonderen Neigung zu Aggressionen.«[29]

Und dennoch ließ sich das genetische Brandmal bislang nicht völlig auslöschen. Nichts ist so hartnäckig wie ein Vorurteil: Juden betrügen, Zigeuner stehlen, Türken stinken, XYY-Männer morden.

Und die Nachfrage nach genetischen Etiketten steigt. In den USA sind seit Ende der siebziger Jahre Tausende von Chemiewerkern einer Reihenuntersuchung unterzogen worden. Auf diese Weise sollten überempfindliche Arbeiter ausfindig gemacht werden, um diese nicht hohen Konzentrationen erbgutschädigender und krebserregender Chemikalien auszusetzen. Die Ausgesonderten galten als unzumutbar, nicht die Arbeitsbedingungen. In der Industrie wächst die Nachfrage nach solchen Reihenuntersuchungen.

Aus einer Stellungnahme des Bundesgesundheitsamtes zur Problematik:

»Es darf nicht übersehen werden, daß die Techniken der Genanalyse auch dazu benutzt werden könnten, gezielt die Erbanlagen einzelner Individuen zu erfassen und u. U. zum Nachteil der Person auszuwerten. Die Erstellung individueller Genkarten, deren Speicherung und ihre eventuelle Auswertung können einen Eingriff in die Grundrechte bedeuten.«[30]

Forschungsminister Heinz Riesenhuber sieht keine konkreten Gefahren, will den Bereich gleichwohl regulieren, hält einen Aufruf für eine ausreichende Maßnahme:

»Der Einsatz dieser Methode zur Feststellung, ob für einen Menschen aufgrund einer bestimmten genetischen Konstitution eine Gefährdung an bestimmten Arbeitsplätzen vorliegt, sollte nur in solchen Fällen erfolgen, wo sie eindeutig dem Schutz des Arbeitnehmers dient.«[31]

Als ob dies nicht ausschließlich eine Frage der Interpretation wäre.

Bislang gibt es neben der Sichelzellenanämie erst einige wenige bekannte Zusammenhänge zwischen genetischen Anomalitäten und einem chemisch indizierten Krebsrisiko. Dennoch planen 59 von 366 befragten amerikanischen Großunternehmen in den nächsten Jahren eine genetische Vorauswahl ihrer Arbeiter. Industriedarwinismus.

Und auch Rassenhygiene: In zehn Prozent aller schwarzen Amerikaner und in einem noch größeren Anteil europäischer Juden tritt ein erblich bedingter Enzymmangel auf. Biochemisch: G-6-PD. Die genetische Prädisposition könnte zu Bluterkrankungen führen, wenn bestimmte Chemikalien, zum Beispiel Naphtalin, in den Körper gelangen. Dow Chemical und Du Pont haben daher dunkelhäutige und jüdische Arbeiter auf G-6-PD getestet. Vorsorglich. Für die anderen Chemiewerker blieb das Risiko bestehen. Denn viele der Stoffe sind in jedem Fall als krebsauslösend einzustufen.

Eine andere Mangelerkrankung mit genetischer Ursache ist, im Fachjargon, AAT. Sie kommt in ihrer schweren Form in einer von zwei- bis dreitausend Personen vor, in ihrer schwachen Variante in zwei bis vier Prozent der Bevölkerung. Auch sie könnte unter Einfluß bestimmter Chemikalien am Arbeitsplatz verheerende gesundheitliche Folgen haben.

Also ist die vorbeugende Maßnahme doch ganz im Sinne der Betroffenen? Und schließlich werden Blinde ja auch nicht als Piloten akzeptiert, Taube taugen nicht als Klavierstimmer! Für manche Jobs ist man also geeignet, für andere nicht. Warum sollen nur intellektuelle oder sportliche Fähigkeiten in die Wiege gelegt werden, warum nicht auch die Fähigkeit, in einer chemischen Fabrik zu arbeiten?

»Natürlich ist es wesentlich teurer, am Arbeitsplatz die Cadmium- oder Benzol-Konzentrationen zu senken als genetische Tests durchzuführen. Aber damit ist das Problem nicht gelöst, sondern lediglich vom Industrieunternehmen auf den Arbeiter abgewälzt«,[32] meint der Biologe Jonathan King, einer der Kritiker der genetischen Prävention.

Und wenn denn das Blut des neuen Arbeiters für die Überprüfung der genetischen Ausstattung zur Verfügung steht, wer will das Labor daran hindern, nach anderen Genveränderungen Ausschau zu halten, nach XYY-Chromosomenanomalien zum Beispiel? Schließlich weiß man ja, daß solche Männer häufiger mit dem Gesetz in Konflikt geraten. Sie sollen zu aggressiven Handlungen neigen, sind für eine Anstellung kaum geeignet, oder müssen zumindest im Auge behalten werden. In ihrem eigenen Interesse.

»Das Persönlichkeitsrecht ist nach dem Grundgesetz geschützt, und die genetischen Besonderheiten einer Person gehören zu der Sphäre, die vom Persönlichkeitsrecht abgedeckt ist. ... Nun gibt es natürlich subtile Mechanismen, die Zustimmung zu erreichen. Man könnte sich vorstellen, daß bestimmte Versicherer, die heute routinemäßig sich die ärztliche Schweigepflicht abbedingen, auf solchen Screening-Tests bestehen. Hier wäre in der Tat ein Ort, wo eine flankierende Maßnahme des Gesetzgebers angebracht wäre. Denn so sehr wir das Persönlichkeitsrecht des einzelnen betonen, so sehr ist er gegenüber der Übermacht des Versicherers, des Privatversicherers ebenso wie des Sozialversicherers, schlecht gestellt« ...[33]

... meint der Göttinger Jurist Erwin Deutsch.

Die genetische Beratung erfolgte kostenlos. Und ungebeten. Der Genetiker Michael Swift von der University of California machte 1978 eine Entdeckung, die nach seiner Meinung umgehende Maßnahmen erforderte. Patienten, die an der seltenen Erbkrankheit Ataxia Telangiectasia (AT) leiden, haben ein hohes Krebsrisiko. Das war schon länger bekannt. Aber auch die Verwandten der Patienten sterben fünfmal häufiger an Krebs als die Normalbevölkerung. Das fand Swift heraus. Der Genetiker flog durchs Land, suchte die Verwandtschaft der ihm bekannten AT-Kranken auf und teilte ihnen ihr mögliches Schicksal mit. Auf eigene Kosten. Selbstlos.

Aber viele der Betroffenen wollten das gar nicht wissen. Einerseits gibt es für sie keine Vorbeugung. Man kann mit dem Rauchen aufhören, man kann auf Alkohol verzichten, man kann einem krebsmachenden Arbeitsplatz den Rücken kehren, man kann die

Finger vom Asbest lassen. Aber niemand kann sich seines Erbmaterials entledigen.

Andererseits sind längst nicht alle Träger des AT-Gens von der bösartigen Krankheit bedroht. Wen aber trifft es? Auch Krebsangst kann Krebs auslösen. Junge Frauen, denen Swift ihre mögliche Zukunft ausbreitete, ließen sich vorsorglich die Brüste entfernen, weil AT-Patientinnen, wie Swift ihnen mitgeteilt hatte, oftmals an Brustkrebs erkranken.

Ist die Tatsache, daß einige Krebserkrankungen unzweifelhaft eine familiäre Komponente haben, ein zulässiges Argument, alle Angehörigen und Verwandten in Hysterie zu versetzen? Die Versicherungsgesellschaften wurden schnell hellhörig: höheres Lebensrisiko, höhere Prämie. Von einem Selbstverschulden spricht dann niemand mehr. Oder steht jeder für sein genetisches Material in der Verantwortung?

Dem Schwachen darf nicht künstlich Unterstützung gewährt werden, sagt die sozialdarwinistische Lehre. Muß also derjenige, den sein Erbe benachteiligte, dafür büßen? Müssen wir sie in die Knie zwingen? Mit Methoden, die subtiler sind als die Gaskammern der Nazis, mit Systematik gleichwohl?

Es sind dies Symptome für eine eugenische Renaissance, Symptome, daß sich der soziobiologische Ansatz, Moral habe etwas mit Stärke zu tun, durchsetzt. Wenn das Brot wieder knapper wird, könnten wir uns erinnern, daß es zuviele unnütze Esser gibt. Und wenn die Ideale der Reinheit wiederkehren, geht auch die Saat der Zuchtwahl auf. Die Zeit scheint reif für solche Ideale, die unterschwellig an Bedeutung gewinnen. Wir leben in einer Welt der Superlative. Wozu da auf das Alltägliche beschränken?

Ein neuer Mensch – nach wessen Ebenbild?

»In den Motiven ist es nur ein kleiner Schritt von dem Paar, das seine genetischen Fehler zum Guten wenden will und ein besonders vielversprechendes Kind haben möchte, bis zu dem Paar, das keineswegs unter der Norm steht, aber aus ideellen Gründen seinem Kind die besten genetischen Möglichkeiten geben will, die es bekommen kann. ... Es gibt Leute, die ... stolzer sind auf das, was sie planvoll mit ihrem Hirn und ihren Händen schaffen, als auf das, was sie mehr oder weniger reflexhaft mit ihren Lenden erzeugen, und die ihren Beitrag zum Wohle ihrer Kinder und der Menschheit im allgemeinen für wichtiger halten als die Vermehrung ihrer eigenen genetischen Besonderheiten. Wenn einst diese Pioniere die Gelegenheit erhalten haben, ihre Wünsche ohne Vorbehalt zu realisieren, werden ihre lebendigen ›Schöpfungen‹ in der nächsten Generation einen überzeugenden Beweis für den Wert des Verfahrens liefern, sowohl für die Kinder selbst wie auch für die Eltern und für die Gesellschaft.«[34]

Der dies schrieb, war der amerikanische Genetiker Hermann J. Muller. Und er schrieb es im Jahre 1963. Das von ihm gepriesene Verfahren war die künstliche Insemination mit fremdem Sperma ausgesuchter Männer, die den griechischen Idealen entsprechen: schön und klug; oder den nationalsozialistischen Idealen: blond und blauäugig; oder den universellen Idealen:

»Alle Menschen schätzen im Grunde schöpferische Kräfte, Weisheit, Brüderlichkeit, Freundlichkeit, Aufgeschlossenheit, Ausdrucksfähigkeit, Lebensbejahung, Mut, Willenskraft, Langlebigkeit.«[34]

Bei Gott, was für ein Mann, der diese Eigenschaften in sich vereint! Muller hat seinen Lebensborn nicht mehr erlebt. Er starb 1967. Es dauerte fast zwei Jahrzehnte, bis der Amerikaner Robert K. Graham, Millionär von Beruf, Mullers Traum, eine Spermienbank mit gehorteten maskulinen Superlativen, verwirklichte.

Die künstliche Insemination ist dabei gar nicht so neu. Sie verhalf kinderlosen Ehepaaren bei Unfruchtbarkeit des Mannes schon oft zum erwünschten Nachwuchs. 17 Samenbanken gibt es in den USA, weit weniger in der Bundesrepublik. Sie lagern tiefgekühlt Sperma von Männern, die sich vor Sterilität fürchten, oder die im Greisenalter noch als zeugungsfähig gelten wollen – und manchmal auch über den Tod hinaus. Das Vorratslager enthält aber auch anonymes Sperma, als Ersatz für sterile Männer oder für alleinstehende Frauen. Sie können sich gleichsam ihren Nachwuchs aus dem Katalog aussuchen: Jede Probe verzeichnet Augen-, Haar- und Hautfarbe, Größe, Gewicht, besondere Fähigkeiten und Hobbies. Etwa drei von tausend Kindern, so wird geschätzt, werden auf diese Art bei uns gezeugt, knapp 2000 in jedem Jahr. In den USA sind es weit mehr, schätzungsweise 20000 jährlich. Aber die Dunkelziffer ist hoch, das Gewerbe mitunter sehr anrüchig.

Robert Graham indes geht mit seiner Spermienbank, die er nach Hermann Muller benannte, bis dessen Witwe sich das verbat, einen entscheidenden Schritt weiter. Sein Samenangebot verdient nicht nur das Prädikat »gesund«, es verzeichnet nicht nur die oberflächlichen Merkmale. Denn Graham will die geistige Elite züchten, weil es das sei, was die Menschheit zum Überleben brauche. Seine Lieferanten rekrutieren sich aus besten Kreisen, Wissenschaftler mit nachgewiesenem hohen IQ, Künstler, Dichter, am liebsten Nobelpreisträger. Nur einer von vieren hat sich allerdings bisher zu seiner Mitwirkung bekannt, der heute über siebzigjährige Miterfinder des Transistors und Physik-Nobellaureat von 1956, William Shockley. Er fiel schon früher durch markige Bemerkungen zur Zuchtwahl auf, forderte, nur demjenigen solle ein Recht auf Fortpflanzung zustehen, der ein Mindestmaß an meßbarer Intelligenz nachweisen könne. Für jeden IQ-Punkt unter 100, meinte Shockley, gelte es mit jeweils 1000 Dollar finanzielle Sterilisationsanreize zu schaffen.

Gene vom Genie – als ob sich damit das Erbgut nachhaltig verbessern ließe, als ob es eine biologische Garantie für außergewöhnliche Fähigkeiten gebe, als ob in der Weltgeschichte nicht in hinreichendem Maße unbedeutende Nachkommen bedeutender Eltern herumliefen.

Weltverbesserung und Spieltrieb. Und gleichwohl ist der wachsende Zuspruch, den Grahams Elitesperma findet, ein Warnsignal. Ist ein weiteres Symptom für die Idealisierung des Ideals. Da werden Denkkategorien deutscher Schäferhundzüchter spürbar. Auch sie haben lange Listen äußerer wie innerer Idealmerkmale.

Und nach den Samenbanken kommen die Eierbanken. Seitdem der Zeugungsvorgang in der Retorte funktioniert, seit extrakorporale Befruchtung Routine ist, sind die Schwangeren nicht mehr notwendigerweise die leiblichen Mütter. Was ist gegen Ammen einzuwenden, für 10000 Dollar je Schwangerschaft?

Männliche und weibliche Idealgene lassen sich also kombinieren. Der genetische Vater wird durch eine Handelsware ersetzt, oder die genetische Mutter, oder beide. Ohne Gewähr auch hier.

Erst ein Retortenbaby, dann ein Tiefkühl-Retortenbaby, dann Retorten-Mehrlinge. Irgendwann *genetisch identische* Mehrlingsgeburten?

Was ist gegen Manipulation des Erbgutes einzuwenden, wenn

diese in der gesetzlich nicht geschützten Phase zwischen Befruchtung und Einnistung in der Gebärmutter stattfindet?

Hunderte von befruchteten Eiern, Embryos, liegen in den Kühlschränken und warten darauf, daß jemand den Stecker herauszieht. Was ist gegen medizinische Experimente am Ausschuß einzuwenden? Mit den Möglichkeiten der Reproduktionsbiologie, so schreibt der Gynäkologe Fritz K. Beller, sei »ein Zuchtversuch am Menschen« denkbar geworden.

»Es scheint, als hätte unsere Gesellschaft begriffen, daß diese neue Technologie es in einem bislang unbekannten Maße erlaubt, in die Reproduktion des Menschen einzugreifen. Die Akzeptanz des Mißbrauchs kann zur Folge haben, daß sich die moralische Einstellung der gegenwärtigen Gesellschaft grundsätzlich ändern könnte. ... In einem Lande, in dem unter dem Deckmantel eines unlimitierten Begriffs der ›Freiheit der Wissenschaft‹ Forschung nicht überwacht wird, erscheint eine Kontrolle nicht mehr möglich. Aber jeder sollte sich im klaren sein, daß genetische Eingriffe nie wieder rückgängig gemacht werden können.«[35]

Der Schein trügt. Diese Gesellschaft hat nichts begriffen. Oder will nichts begreifen. Ein neuer Zeitgeist weht durch die Geschichte. Ein neuer Faschismus nähert sich auf leisen Sohlen. Eugenische Tendenzen, sittsam verkleidet, fallen auf fruchtbaren Boden. Vielleicht gerade bei uns.

Nicht so sehr die einzelnen Symptome machen Angst. Aus der vorgeburtlichen Diagnostik, der heterologen Insemination und der Zeugung im Reagenzglas wird sich, vorläufig zumindest, keine Massenbewegung entwickeln. Aber der wachsende Zuspruch ist allemal Alarmsignal genug. Denn es sind äußere Zeichen eines inneren Wandels in der gemeinen Volksseele. Dieser Wandel könnte Programme akzeptabel machen, die uns heute noch utopisch anmuten. Wenn sich die Meinung durchsetzt, der Humanismus, die Unterstützung der Schwachen, die Toleranz gegenüber Minderheiten, der soziale Staat, habe diese Gesellschaft nicht entscheidend vorangebracht, könnte biologisches Faustrecht eine neue Chance erhalten.

Insbesondere einige Bevölkerungswissenschaftler und Biologen vollziehen diese Wende zu den genetischen Wurzeln bereits mit Vehemenz. Aus globaler Notwendigkeit, wie sie sagen. Das Bevölkerungswachstum in der Dritten Welt habe Verfallserscheinungen im genetischen Potential zur Folge, weil zur Überlebensfähigkeit der Weltbevölkerung eine betont pluralistische Ausgewogenheit des Erbguts herrschen müsse. Der Bonner Biologe Heinrich K. Erben beispielsweise schreibt:

»In der Weltpopulation des Homo sapiens hatte sich hinsichtlich der Anteile, welche die verschiedenen Subspezies im allgemeinen Gen-Reservoir darstellen, durch Evolution ein bestimmter, natürlicher Pluralitätsgrad eingespielt. Dieses genetische Gleichgewicht zwischen Bevölkerungsexplosion und die durch sie verschärfte innerartliche, zwischen den Subspezies bestehende biologische Konkurrenz wird jetzt empfindlich gestört. ... Soll die Menschheit als Ganzes lebensfähig bleiben, ist also eine freiwillige Geburtenbeschränkung gerade bei jenen menschlichen Subspezies erforderlich, welchen die Bewohner der besonders geburtenstarken Entwicklungsländer angehören.«[36]

Von »menschlichen Großgruppen« oder »Subspezies« spricht, wer den Begriff »Rasse« vermeiden will. An ihren Worten sollt ihr sie nicht erkennen. Doch die Sprache kann den eugenischen Ansatz dieser These nicht kaschieren.

Geburtenkontrolle in den Entwicklungsländern und, parallel dazu, Steigerung der Geburtenzahlen unter den europiden Rassen der Industrieländer, scheint das einzige Rezept, dem gefährlichen Trend Einhalt zu gebieten. Das klingt wie bei Herbert Spencer vor einhundert Jahren:

»Die Armut der Unfähigen, der Hungertod der Untätigen und das Niederdrücken der Schwachen durch die Starken, dies alles folgt dem Ratschlag einer großen weitsichtigen Güte.«[5]

Niemand leugnet die Notwendigkeit von Geburtenkontrolle in den Ländern der Dritten Welt. Nur bedarf es dazu nicht des genetischen Arguments, nicht der Begründung einer rassistischen Bevölkerungspolitik, die die eigenen Gene für besonders förderungswürdig hält, um das globale Überleben der Menschheit zu gewährleisten. Das ist finsterster biologischer Kolonialismus.

Wer aber den deutschen Genpool für das Zentrum des Universums hält, muß eine Vermischung zu verhindern versuchen. Fremdenhaß wird dann eine biologische Notwendigkeit.

Rassismus heißt heute »nationale biologische Identität«. Aber es ist auch wieder vom »Volkskörper« die Rede – wie 40 Jahre zuvor.

Einer dieser Sozialdarwinisten mit deutschen Idealen ist der Bevölkerungswissenschaftler Theodor Schmidt-Kaler. Er sagt:

»Die Zukunft eines Volkes ist auch eine Frage seiner Moral. Es muß sich entscheiden zwischen einem nationalen Selbstmord oder neuen Anstrengungen für ein Weiterleben als Volk in seinen Kindern. ... Ich will darauf hinweisen, daß unsere Geburtenziffer gegenwärtig um fast 40 Prozent niedriger ist als zur Bestandserhaltung des deutschen Volkes nötig. ... Und der Geburtenrückgang trifft einen bereits alternden Volkskörper. ... Die drastische Abnahme gebärfähiger Frauen, die ich das grüne Holz des Volkes nenne, ist in der Bevölkerungsgeschichte ohne Beispiel.«[37]

Schmidt-Kaler ist Mitverfasser des Heidelberger Manifestes, in dem 1981 eine Reihe von Professoren zu einer neuen Ausländerpolitik aus genetischem Eigennutz aufrief. Juristen, Theologen, Politologen und Naturwissenschaftler, darunter auch ein Humangenetiker, hatten sich zu einem »Heidelberger Kreis« zusammengeschlossen und mit Inbrunst gegen die Verwässerung des deutschen Volkstums mit fremder Sprache, fremder Kultur, fremdem Erbgut Stellung bezogen.

»Mit großer Sorge beobachten wir die Unterwanderung des deutschen Volkes durch Zuzug von Millionen von Ausländern und ihren Familien. ... Welche Zukunftshoffnung haben unsere eigenen Kinder, die in Klassen mit überwiegend Ausländern ausgebildet werden? Werden sich die Abermillionen für die Verteidigung unseres Landes am Ende lohnen? Allein lebensvolle und intakte deutsche Familien können unser Volk für die Zukunft erhalten ...«[38]

Das Gegenteil ist der Fall. Die Ausländer in der Bundesrepublik werden nicht integriert, weder kulturell noch genetisch. Sie bleiben in ihrem Ghetto. Andererseits hat es in der Geschichte immer wieder eine Vermischung von Kulturen, Sprachen und biologischen Merkmalen gegeben. Was also ist ein deutsches Gen, welche Erbanlage entscheidet, wer sich zum deutschen Volk zählen darf?

Die dem Heidelberger Manifest zugrunde liegende Ideologie ist so abstrus wie der Rassismus eindeutig. Zu fürchten ist nur, daß solche Argumente, die tief in der deutschen Seele verwurzelten Vorurteile gegenüber allem Fremden bestärken könnten. Nach der politischen Wende in Bonn stoßen solche Gesichtspunkte der genetischen Unterwanderung ohnehin auf offene Ohren. Die Ausländer-

und Asylantenpolitik des Bundesinnenministers Friedrich Zimmermann ist ein erster Schritt in die vom Heidelberger Manifest vorgegebenen Richtung. Eine »deutsche Familienpolitik« ist ebenfalls erklärte Absicht der konservativen Bundesregierung, weil sonst das deutsche Volk ausstürbe, mit dem deutschen Erbgut die deutsche Seele zugrunde gehe.

Im September 1983, nach einem Bericht des Flüchtlingskomissars der Vereinten Nationen, Poul Hartling, wurde in Hessen die sogenannte Hirsenmühle geschlossen. Hartling und seine Mitarbeiter hatten massive Kritik an der Unterkunft für Asylbewerber geübt, hatten den »depressiven Zustand« der Bewohner hervorgehoben, fanden aufgrund fehlender sozialer Betreuung völlige Isolation. Aussonderung. Die Asylantenpraxis sei Teil einer Abschreckung anderer Asylbewerber, fürchtet Hartling.

Die Zahlen belegen, daß die Abschreckung funktioniert: 1980 wurden in der Bundesrepublik noch über 100000 Anträge auf politisches Asyl gestellt; 1983 nicht einmal mehr 20000. 1983 wurde die Hirsenmühle geschlossen. Sie liegt in Hadamar, einer Stadt mit Geschichte. Vergangenheit ist Zukunft.

Unwissenheit ist Stärke

»Niemand darf wegen seines Geschlechts, seiner Abstammung, seiner Rasse, seiner Sprache, seiner Heimat und Herkunft, seines Glaubens, seiner religiösen oder politischen Anschauungen benachteiligt oder bevorzugt werden.«

(Grundgesetz, Artikel 3/3)

»Welche Zukunftshoffnung haben unsere eigenen Kinder, die in Klassen mit überwiegend Ausländern ausgebildet werden? ... Allein lebensvolle und intakte deutsche Familien können unser Volk für die Zukunft erhalten ...«

(Heidelberger Manifest, 1981)

Das Ideal des Stereotypen

Bei seinen Mitschülern war der Elfjährige beliebt, und auch seine Lehrer stellten ihm ein hervorragendes Zeugnis aus: in Mathematik eine Eins, in Deutsch eine Zwei. Kurzum: Er sei »für den Besuch eines Gymnasiums geeignet«.[1]

Das ausgewählte Gymnasium bestand allerdings auf einem Eingangstest. Der Elfjährige fiel durch. Die Schule lehnte die Aufnahme ab.

Der Junge heißt Mustafa, ist Türke. Für die Lehrer des Staatlichen Asam-Gymnasiums in München war das offensichtlich Anlaß genug, alle Möglichkeiten auszuschöpfen, ihren deutschen Schülern einen solchen Klassenkameraden zu ersparen. Die Öffentlichkeit reagierte zornig, die Schulbürokratie peinlich berührt. Ein krasser Fall von Ausländerdiskriminierung – im Freistaat Bayern, im Rechtsstaat Bundesrepublik Deutschland, im Jahre 1983.

Mustafa bestand einen Intelligenztest nicht. War er vielleicht doch nicht für das Gymnasium geeignet, wurde ihm, trotz der positiven Beurteilung, womöglich nur ein späteres Scheitern erspart?

Die Statistik sagt, daß nur 4,6 Prozent der jungen Türken in Nordrhein-Westfalen ihr Abitur bestehen, dagegen 40,6 Prozent ihrer deutschen Altersgenossen. Sind die Fremden also weniger intelligent, gar dümmer als die Deutschen? War die Vorsicht in Form eines zusätzlichen Intelligenztests nur zu begründet?

Noch existieren bei uns – aus Mangel an allgemeingültigen, obligatorischen Intelligenztests – keine exakten statistischen Untersuchungen über die Intelligenzstrukturen unterschiedlicher Bevölkerungsgruppen. Anders in den USA. Und dort hat man festgestellt, daß Schwarze unter allen nur denkbaren Bedingungen schlechtere Durchschnittswerte erreichen als Weiße, aber auch als Ostasiaten, Mexikaner und Puertoricaner. Das Minus der schwarzen Rekruten im Ersten Weltrkieg betrug 17, im Zweiten Weltkrieg und im Koreakrieg sogar 23 IQ-Punkte. Nicht dieser Tatbestand muß in Frage gestellt werden, wohl aber dessen Gründe. Ist es eine Benachteiligung? Steht die Umwelt in der Verantwortung? Sind es die Gene?

Die amerikanische Diskussion wird seit 1969 von den Thesen des Erziehungspsychologen Arthur R. Jensen bestimmt, der die Erbanlagen verantwortlich wähnt und ein glühender Verfechter eines rigiden Darwinismus ist: Nur die Klügsten werden überleben!

Zog der Türke Mustafa im Kampf um einen Platz auf einem Deutschen Gymnasium aus darwinistischen Gründen den kürzeren? Rassen, ethnische Volksgruppen, Türken und Neger zum Beispiel, geraten nicht nur in den Verdacht minderer Intelligenz. Die Rassen-Genetiker und Soziobiologen behaupten, den Beweis für die erbliche Bedingtheit jeglichen Verhaltens, das von einer gesellschaftlichen Norm abweicht, gefunden zu haben: Türken und Neger sind nicht nur dümmer, sondern auch häufiger kriminell. Der amerikanische Psychiater David Rosenthal zum Beispiel schreibt:

»So viele Studien haben eine Beziehung zwischen kulturellen, sozioökonomischen, häuslichen und psychologischen Faktoren und der Kriminalitätsrate ergeben, daß es sinnlos wäre, sie an dieser Stelle zu referieren. Die Bedeutung der Umwelt ist über jeden Zweifel erhaben. Aber erbliche Faktoren sind, obwohl sie verschieden und unterschiedlich wirksam sind, ebenfalls bedeutsam.«[2]

Noch befinden sich die Soziobiologen in der Defensive, müssen sich gegen den Vorwurf des Rassismus und die Beschuldigung zur Wehr setzen, Minderheiten zu diskriminieren und Vorurteile zu zementieren.

Gewiß, daß es ererbte Unterschiede zwischen Völkern und Rassen gibt, kann nicht ernsthaft bestritten werden. Dies ist trivial: Der Mensch ist natürlich durch seine Gene beeinflußt. Er ist aber sicher nicht Sklave seines Erbes.

Was aber ist eine gesellschaftliche Abweichung, was als die Norm anzusehen? Warum werden abweichende Verhaltensweisen nicht akzeptiert, sondern mit dem falschen Erbgut erklärt und mit einem Brandzeichen versehen, mit dem Stigma der Andersartigkeit, lebenslang und ohne Rücksicht auf konkretes Verhalten? Hier muß, genau betrachtet, die genetische Theorie versagen, es sei denn, sie verstiege sich dazu, ein »Gen der Normalität« zu postulieren, das gewissermaßen einer höheren Instanz die Unterscheidung erlauben würde.

Wer normal und wer anders ist, entscheidet sich aber automatisch, nach festgelegten Regeln und Ritualen, in der Begegnung von Individuen mit unterschiedlichem Verhalten und unterschiedlichen Eigenschaften. Ist die pluralistische Gesellschaft demnach eine genetische Farce? Untersuchungen über den Erkenntnisprozeß, der bei der Begegnung zwischen zwei deutlich unterschiedlichen Menschen abläuft, gibt erste Hinweise: In seiner Untersuchung über Reaktionen auf abweichendes Verhalten bat der amerikanische Sozialwissenschaftler John Kitsuse seine Versuchspersonen, meist Studenten, die Umstände zu erläutern, unter denen sie eine Abweichung erkannt und wie sie auf die Abweichung reagiert hätten. Im Zusammenhang mit Homosexualität stellte Kitsuse . . .

. . . »einen Prozeß fest, bei dem der Befragte das frühere Verhalten des anderen im Licht der neuen Informationen, die seine sexuelle Abweichung betreffen, uminterpretiert. Die Befragten zeigen, daß sie ihre vergangenen Interaktionen mit den fraglichen Personen überprüfen und nach Hinweisen und Nuancen des Verhaltens suchen, die weitere Gewißheit über die behauptete Abweichung geben können. Dieses retrospektive Lesen stützte die Überzeugung der Befragten, daß dies ›schon die ganze Zeit vor sich ging‹.«[3]

Kitsuses Untersuchungen brachten ähnliche Ergebnisse auch bei anderen Formen abweichenden Verhaltens, etwa bei Drogensucht, zutage. Dazu notiert der Soziologe Harold Garfinkel:

»Die Denunziation bewirkt eine Umgestaltung des gesamten objektiven Charakters des anderen. Der andere wird in den Augen des Verurteilenden buchstäblich eine veränderte und neue Person. Es ist nicht so, daß die neuen Eigenschaften zum alten ›Kern‹ hinzugefügt werden. Er wird nicht geändert, er wird neu gebildet.«[4]

Ein winziges Merkmal im Verhalten des Gegenüber setzt eine Kette von Assoziationen über Eigenschaften in Gang, die allesamt der entsprechenden Abweichung zugeschrieben werden, ohne Rücksicht darauf, ob sich diese im konkreten Verhalten des einmal der Abweichung Verdächtigten tatsächlich wiederfinden: Neger und Türken sind nicht nur dumm und kriminell, sie stinken auch.

Die Beobachtungen werden solange uminterpretiert, bis das Bild des Menschen fertig ist, bis die Klischees ihre Bestätigung gefunden zu haben scheinen, mit allen Stereotypen versehen, die zur Abweichung gehören.

Der Urteilende ist nicht mehr unvoreingenommen, sondern begierig, weitere Anzeichen zu entdecken, die seinen Verdacht erhärten. Ein Blinder, so fand der Psychologe Rüdiger Lautmann in Tiefeninterviews von »Normalverbrauchern« heraus, gilt nicht nur als Mensch mit einer Sehbehinderung, er ist auch »traurig«, »ernst«, »hilflos«, »kontaktgehemmt«, »zu nichts zu gebrauchen«. Die Versuchspersonen würden mit einem solchen Menschen nicht gerne bekannt werden.

Ein Homosexueller, so schreiben die Sexualwissenschaftler Günter Schmidt und Volker Sigusch, gilt nicht nur als eine Person, die ihre Sexualität in einer Weise lebt, die von der Bevölkerungsmehrheit abweicht, sondern er wird darüber hinaus mit den Etiketten »weich«, »triebhaft«, »schwach«, »unsympathisch« und »ekelhaft« versehen.

Der Mechanismus der »Stigmatisierung« ist schwer zu durchbrechen. Ein Blinder, ein Homosexueller – sie mögen noch so »normal« sein, die Erwartungshaltung ist allemal stärker. Der ausgelassene Blinde wirkt aufdringlich, fehl am Platze, der freundliche Homosexuelle gar wird verdächtigt, auf Partnersuche zu sein.

Die Unfähigkeit, Vorurteile zu revidieren, statt dessen fortwährend nach neuen Beweisen zu suchen, um die Vorurteile zu bestätigen, dies scheint vielleicht sogar eine Eigenschaft, die das Etikett »typisch deutsch« verdient (obschon auch dies bereits ein Vorurteil sein kann). Doch die Toleranz gegenüber Minderheiten, gegenüber Fremden, ist ganz offensichtlich in anderen Ländern stärker ausgeprägt, ebenso wie die Fähigkeit, einmal getroffene Entscheidungen wieder in Frage zu stellen. Das hat sicherlich auch historische Gründe. Wenn dies tatsächlich eine »deutsche Eigenschaft« wäre, in einem durch unsere Vergangenheit besonders sensiblen Bereich zumal, dann gäbe es eine besondere Verpflichtung deutscher Politiker, schlafende Vorurteile gegen Andersartige, Abnorme, Ausländer nicht noch durch eine diskriminierende Politik zu verstärken, die sich immer der Zustimmung breiter Schichten sicher sein kann. Deshalb auch ist die momentane Regierungspolitik als eine herausragende Gefahr für eine Liberalisierung zu sehen. Die vom parlamentarischen Staatssekretär im Bundesinnenministerium ausgegebene Parole, Frieden und Freiheit seien auch im Innern wichtig, »aber da in erster Linie für die Normalen, nicht für die Perversen, Minderheiten, Terroristen und Randgruppen«,[5] spekuliert auf den Beifall einer Majorität, so wie es in gewissen Situationen auch für die Todesstrafe eine Majorität gäbe.

Nicht ohne Grund wird der General a. D. Günter Kießling, trotz Rehabilitierung und großem Zapfenstreich, zeitlebens mit dem Stigma der Homosexualität gezeichnet sein, wird auch zukünftig für manchen unflätigen Witz herhalten müssen. Warum auch ist er unverheiratet?

Wer auf diese Vorverurteilung am deutschen Stammtisch keine Rücksicht nimmt, wer in diesem sensiblen Bereich ein Verhalten an den Tag legt wie der Bundesverteidigungsminister Manfred Wörner, hat weder Moral noch politisches Gespür.

Der Außenseiter in unserer Gesellschaft – das ist eine permanente Herausforderung an die Politik, dem Druck der Masse nicht nachzugeben. So tolerant, so liberal, wie sich unsere Gesellschaft gibt, ist sie noch lange nicht.

Vor allem gilt: Nicht die reale Eigenschaft ist wichtig, sondern die Einschätzung der Umwelt macht denjenigen, dessen Verhalten oder Persönlichkeit in einem Punkt von der Mehrheit und ihren Normen abweicht, zum Stigmatisierten.

Der amerikanische Soziologe Howard S. Becker schreibt:

»Ich meine, daß gesellschaftliche Gruppen abweichendes Verhalten dadurch schaffen, daß sie Regeln aufstellen, deren Verletzung abweichendes Verhalten konstituiert, und daß sie diese Regeln auf bestimmte Menschen anwenden, die sie zu Außenseitern stempeln. Von diesem Standpunkt aus ist abweichendes Verhalten *keine* Qualität der Handlung, die eine Person begeht, sondern vielmehr eine Konsequenz der Anwendung von Regeln durch andere und der Sanktionen gegenüber einem ›Missetäter‹. Der Mensch mit abweichendem Verhalten ist ein Mensch, auf den diese Bezeichnung erfolgreich angewandt worden ist; abweichendes Verhalten ist Verhalten, das Menschen so bezeichnen.«[6]

Das gilt auch für Verhalten, das offenkundig den herrschenden Normen widerspricht, das nach dem gültigen Wertkodex unmoralisch ist. Kriminalität zum Beispiel.

Kriminalökologie durch gesellschaftliche Kontrollagenten

Nahezu jeder Jugendliche hat irgendwann in seinem Leben einmal einen Bagatelldiebstahl begangen oder ist mit einem fremden Auto gefahren – Taten, für die man von jedem ordentlichen Gericht als Krimineller verurteilt wird. Alle sozialen Schichten, so stellte der Kriminologe Stefan Quensel fest, sind gleichmäßig vertreten. Nur relativ selten jedoch werden diese Handlungen verfolgt und entdeckt. Aber 75 Prozent der Jugendlichen, die für eine solche Tat schließlich vor Gericht gestellt und bestraft werden, stammen aus Arbeiterfamilien. Bei fast allen lassen sich familiäre Probleme oder Schwierigkeiten in der Schule oder am Arbeitsplatz erkennen; ein Drittel sind Sonderschüler.

Jugendliche der Mittel- und Oberschicht haben – bei exakt gleichen Taten – eine ungleich größere Chance, einer gesellschaftlichen Bloßstellung und Bestrafung zu entgehen. Die verurteilten und als Kriminelle aktenkundigen, vorbestraften Jugendlichen dagegen scheinen schon aus anderen Gründen verdächtig, sind vorverurteilt: Von Arbeiterkindern, arbeitslosen Jugendlichen oder Sonderschülern erwartet die Gesellschaft eben viel eher kriminelle Handlungen als von gutsituierten Gymnasiasten. Sie werden intensiver beobachtet und folglich bei der geringsten kriminellen Handlung gefaßt und bestraft.

Was bei den einen als bloßer »Dumme-Jungen-Streich« gewertet wird und im Kreise der Familie bleibt, wird bei den anderen unnachsichtig geahndet, womöglich öffentlich bloßgestellt – und zeichnet die Betroffenen für ihr gesamtes Leben. Quensel spricht denn auch von »kriminellen Karrieren«, die damit beginnen, daß Jugendliche der Unterschicht für Bagatellen verurteilt werden: Die Rückfallquote für einmal verurteilte Heranwachsende liegt bei über 50 Prozent.

»Das soziale Publikum«, folgert der Psychologe Kai T. Erikson,

»entscheidet darüber, ob eine gegebene Regelabweichung zu einem sichtbaren Fall von Abweichung führt oder nicht.«[7] Es entscheidet nach sozial anerkannten Regeln, entscheidet entsprechend dem sozialen Machtgefüge in der Klassengesellschaft.

Die Entscheidung, wer zum amtlichen »etikettierten« Rechtsbrecher wird, wessen abweichendes Verhalten mit dem Stempel des Kriminellen versehen wird, treffen Polizisten, Sozialfürsorger, Richter – gesellschaftliche »Kontrollagenten« nennt sie der Soziologe Stephan Ahrens.

Sie alle entscheiden nicht willkürlich, aber auch nicht nach der Persönlichkeit des Abweichenden, sondern wesentlich nach seiner sozialen Herkunft.

Entscheidend ist schon, auf welche Personengruppen ein Verdacht fällt: Der Jurist Johannes Feest begleitete Zivilstreifen, die gegen PKW-Diebstähle eingesetzt werden, durch die Wiener Innenstadt. Ihn interessierte die Frage: Wer wird verdächtig, wer nicht?

Die Streife begann ihren Dienst abends um 23 Uhr. Alle »anständigen Leute« sind dann nicht mehr auf der Straße, ausgenommen Liebespaare. Die werden ignoriert, ebenso Frauen. Die Peinlichkeiten der Untersuchung wären zu groß.

»Ferner scheiden solche Personen aus, die zielstrebig und schnellen Schrittes unterwegs sind. Dies gilt einmal für ›bessere‹ Leute, die aus Kino oder Theater nach Hause kommen, aber auch für ›einfache‹ Leute, wenn aus der Richtung, in der sie gehen und aus der Art ihrer Kleidung zu entnehmen ist, daß es sich um Schichtarbeiter handelt. Schließlich scheiden ältere Leute aus, die etwa vor ihrer Haustür eine Pfeife rauchen oder mit ihrem Hund unterwegs sind.

Der Verdacht konzentriert sich also von vornherein auf Männer zwischen etwa 14 und 40 Jahren, die langsam an Kraftfahrzeugen entlangschlendern oder sich in parkenden Kraftfahrzeugen aufhalten.«[8]

Konkret angehalten und überprüft wurden in dieser Nacht ärmlich gekleidete Personen, Ausländer, Jugendliche – darunter auch zwei ernsthaft Verdächtige, die festgenommen werden.

Die Soziologin Dorothee Peters hat in einer Großstadt des Ruhrgebiets die soziale Schichtzugehörigkeit aller Personen ermittelt, die während eines Monats festgenommen wurden. Nur 1,4 Prozent gehörten der Ober- und oberen Mittelschicht an, bei einem Anteil dieser Schichten von sechs Prozent an der Gesamtbevölkerung. 40

Prozent der Festgenommenen waren Angehörige der unteren Mittel- und oberen Unterschicht und weitere 40 Prozent gehörten zur unteren Unterschicht der Hilfsarbeiter und arbeitslosen Sozialhilfeempfänger, deren Anteil nur 16 Prozent der Gesamtbevölkerung ausmacht.

Die »hinter sozialen Fakten versteckten Auffälligkeiten« will der Bremer Kriminologe Herbert Schäfer künftighin für eine vorbeugende Verbrechensbekämpfung nutzbar machen. Schäfer hat den Begriff »Kriminalökologie« geprägt, eine Art Schutz der Umwelt vor kriminellen Straftaten. Er schreibt:

»Es scheint von Jahr zu Jahr zweifelhafter und aussichtsloser zu werden, die Ursachen für das abweichende Verhalten des Menschen suchen, finden und katalogisieren zu wollen. ... Die Ursachenforschung hat die Kriminologie bisher nicht aus der von ihr selbst gewählten Sackgasse herausgeführt. ... Bei der Behandlung des Themas kann man sich daher nicht um die Kriminalitätsursachen kümmern. Es geht vielmehr um das Aufzeigen von Indikatoren, welche bereits eingetretene Zustände markieren oder bevorstehende Entwicklungen kennzeichnen, die Entwicklungstendenzen signalisieren und Rückschlüsse auf mittel- und kurzfristig bevorstehende Ereignisse ankünden.«[9]

Schäfer, ganz Pragmatiker, macht sich deshalb für neue Präventionsstrategien stark. Sie ...

»... würden den Blick wieder dafür öffnen, daß manche Kriminalitätsbereiche nicht eigentlich aus kriminalpolitisch, sondern eher aus sozialpolitisch einzustufenen Problemverhältnissen herrühren und deshalb ... auch nur mit entsprechend gerichteten Programmen angegangen werden können.

... Zu dieser Prüfung sollten zum Beispiel herangezogen werden die Statistiken der Bevölkerung mit der Geschlechts- und Altersverteilung und mit dem Ausländeranteil, die Statistik der Mobilität der Bevölkerung und der Pendlersituation, des Familienstandes und der Familienzahl, der Berufe und Gewerbe, der Familienhilfe, Jugendhilfe, Fürsorge und Wohngeldhilfe, der Kfz-Anzahl und der Religionszugehörigkeit sowie Übersichten über das Alter der Wohnviertel, die Zahl der Geschlechtskrankheiten und Ehescheidungen usw.«[9]

Dieser Ansatz im Kampf gegen das Böse geht von der These aus, daß zum Beispiel Ausländeranteil, Religionszugehörigkeit und Geschlechtskrankheiten im Vorfeld der Kriminalität liegen. Die Faktoren indizierten »eine Häufung des abweichenden (also auch des strafbaren) Verhaltens als eingetreten oder bevorstehend«, argumentiert Schäfer.

Eine solche Verbrechensvorbeugung diene auch dem Ziel, Stadtteile vor der Verslumung und Bordellisierung zu bewahren. Schäfer nimmt dabei ganz offensichtlich in Kauf, Stigmata zu zementieren: arm, arbeitslos, asozial. Einmal auffällig, immer auffällig.

Kriminelle Wirtschaftsstraftaten dagegen, von Angehörigen der Oberschicht verübt, sind Kavaliersdelikte. Selbst nach ihrer Entlarvung belegt die Umwelt Wirtschaftsverbrecher, Scheckbetrüger oder betrügerische Bankrotteure nicht mit dem Stigma des Kriminellen, sondern zählt sie zu den cleveren Mitgliedern der Gesellschaft. Wer das Finanzamt *nicht* hintergeht, gilt als dumm, wer dagegen seine Steuerlast mit allerlei legalen wie illegalen Tricks verringert, darf sich »erfolgreich« nennen – und wird auch so gesehen.

Armand Mergen, Schweizer Jurist und Spezialist für Wirtschaftskriminalität, schreibt:

»Der heutige Mensch ist orientiert an materiellen Werten, die von außen auf ihn bestimmend wirken. Die ›Moral‹ wird zur ›Grenzmoral‹, in der sozialwidriges Verhalten im Bereich des Gewinnstrebens unpräzise irgendwo zwischen Recht und Unrecht lokalisiert ist. Der Wirtschaftskriminelle hat diese sozialen Leitideen nicht nur akzeptiert, sondern seinem Verhalten zugrunde gelegt. Sie haben seine Persönlichkeit entscheidend mitgeformt; er hat sie integriert, und die Gesellschaft hat ihn angenommen oder sich mit ihm abgefunden. Der Erfolgsmensch im Haben wird zum Leitbild, solange mehr gilt, was man hat, als was man ist.

... Das white-collar-Verbrechen kann nur von einem Täter begangen werden, der einer bestimmten Gruppe der bürgerlichen Gesellschaft angehört. Üblicherweise wird ihm Vertrauen entgegengebracht; er lebt als ›Ehrenmann‹ und nutzt seine soziale Stellung aus, um seine Taten zu begehen. Als Mitglied der wirtschaftlichen Oberschicht nimmt er für sich in Anspruch, so zu handeln, wie er es für richtig hält, das heißt so, wie es seiner Macht am besten nutzt. Bestärkt wird der Täter in seinem Verhalten dadurch, daß die Mitglieder der Mittelklassen oft geneigt sind, ihm ein Abweichen von für sie gültigen Normen nachzusehen. Noch immer scheint es, als seien für Mittel- und Unterklassen die Oberklassen Repräsentanten der sozialen Werte, und zwar in reiner Vollkommenheit.«[10]

Wirtschaftskriminelle sind besonders erfolgreiche Verbrecher, weil sie jederzeit in der Lage sind, nach vollbrachter Tat wieder in die Haut der Wohlanständigkeit und Ehrbarkeit zurückzukehren. Ihre soziale Tarnung gegenüber Polizei und Justiz ist perfekt.

Die Nichtverurteilung der sozialen Oberschicht ist harmlos

gegenüber der Vorverurteilung der sozialen Unterschicht. Dies vor allem deshalb, weil Polizisten und Richter als »soziale Kontrollagenten« der Gesellschaft nur eine sehr eingeschränkte Freiheit haben, Menschen, die einmal in die Mühlen der Justiz geraten sind, zu »entstigmatisieren«, sie von dem Prädikat des Erfolglosen, des Kriminellen zu befreien.

Die englischen Sozialwissenschaftler T. Parker und R. Allerton schildern das Erstaunen eines Gefängniswärters über einen Schwerverbrecher, der in der umfangreichen Gefängnisbibliothek stöbert. Der Kontrollagent zum Kontrollierten:

»Wissen Sie, es ist erstaunlich, daß Sie Bücher lesen, ich bin verblüfft, ja wirklich. Ich hätte gedacht, Sie würden Taschenkrimis lesen, Dinge mit knalligen Umschlägen, solche Bücher eben. Und hier finde ich Sie mit Claud Cockburn, Hugh Clare, Simone de Beauvoir und Lawrence Durrell!«[11]

Der Kontrollierte dann zu Parker und Allerton: »Wissen Sie, er hielt das überhaupt nicht für eine beleidigende Bemerkung: ich glaube, er hielt es wirklich für anständig von sich, daß er mir erzählte, wie sehr er sich geirrt habe. Und das ist genau die Art, wie man von rechtschaffenen Menschen gönnerhaft behandelt wird, wenn man ein Krimineller ist. Es ist komisch, sagen sie, in mancher Hinsicht sind Sie genau wie ein menschliches Wesen. Im Ernst, ich kriege dann Lust, ihnen den Hals umzudrehen.«[11]

Auch wer in andere »geschlossene Anstalten« eingeliefert wird, ist eindeutig gezeichnet – ein- für allemal. Das Personal einer psychiatrischen Klinik etwa, das zeigt ein Experiment des amerikanischen Psychologen D. L. Rosenhan, ist hilflos, wenn es die psychische »Gesundheit« oder »Krankheit« eines Patienten beurteilen soll.

Rosenhan informierte das Personal eines psychiatrischen Krankenhauses, daß irgendwann in der nächsten Zeit aus Testgründen einige »Pseudo-Patienten« auftauchen würden. Von den 193 eingelieferten Patienten wurden allein 41 von mindestens einem Mitarbeiter als sehr wahrscheinliche »Pseudo-Patienten« bezeichnet, weitere 44 Patienten wurden zumindest stark verdächtigt. In Wirklichkeit war aber kein einziger »Pseudo-Patient« eingeliefert worden.

In einem anderen Experiment schickte Rosenhan eindeutig gesunde, normale Personen ohne Vorankündigung in ein anderes psychiatrisches Krankenhaus, mit entsprechend gefälschter Krankheitsgeschichte. Obwohl sich die scheinbaren Patienten natürlich und in keiner Weise abnorm verhielten, fiel keinem der untersuchenden Psychiater deren »Normalität« auf. Vielmehr genügte oft eine geringfügige Information, die Tatsache eines dominanten Vaters oder ein Streit mit der Ehefrau, um das Bild des »Verrücktseins« zu vervollständigen.

Einmal etikettiert, hat ein solchermaßen Stigmatisierter alle Mühe, seine Persönlichkeit gegen die gesellschaftlichen Mächte, denen er ausgesetzt ist, zu verteidigen. Ein Strafgefangener liest keine guten Bücher, ein Mensch, der in eine psychiatrische Klinik eingewiesen wird, ist verrückt, und wird als solcher behandelt.

Das Urteil bleibt endgültig, selbst, wenn die Umkehr in die sogenannte Normalität gelingen sollte.

Wer als Rückkehrer in der menschlichen Gesellschaft überleben will, muß sich darauf einstellen.

Es gibt prinzipiell zwei Möglichkeiten, wie er reagieren kann. Im besten Fall verfügt er über den Rückhalt einer sozialen oder politischen Organisation, deren Mitglieder seine Abweichung teilen und als normal empfinden. Oder er ist in der Lage, eine »Gegen-Identität« aufzubauen, ein neues Selbstbewußtsein, das gerade aus diesem seinem Anderssein erwächst.

Bekannt wurde die erstaunliche psychische Ungebrochenheit mittelalterlicher Ketzer in den Folterkammern der Inquisition oder die politischer Gefangener in den KZs der Nationalsozialisten. Wo die Überzeugung vorhanden ist, daß die Gesellschaft verrückt und man selbst normal ist, bleibt der Abweichende wenigstens als Persönlichkeit identifizierbar, kann sich selbst treu bleiben.

Ketzer werden andererseits von der Gesellschaft besonders unbarmherzig verfolgt – bilden die eigentliche Gefahr für eine Normalität, die von den Herrschenden diktiert wird.

Wer nicht die Kraft hat, eine Gegen-Identität aufzubauen, läuft Gefahr, einen schleichenden Persönlichkeitsverlust zu erfahren, füllt plötzlich die ihm aufoktroyierte Rolle aus.

Die Pädagogik-Studentin Marlene Schulz kleidete sich Anfang 1984 mit einem olivgrünen Cordrock, einer dunkelblauen Strickjacke, braunen Kniestrümpfen und einem großen Kopftuch, nannte sich Frau Keskin, ging einkaufen, suchte Arbeit, besuchte Diskotheken und ein Café der alternativen Szene.

Was sie erlebte und in ihrer Diplom-Arbeit niederschrieb, ist nicht neu: sie berichtete vom neugierigen Staunen im Café bis zu Beschimpfungen in der Straßenbahn und der Aussichtslosigkeit, einen Arbeitsplatz zu finden. Neu aber war die Beschreibung der Wirkung, die diese Behandlung als türkische Gastarbeiterin bei *ihr selbst* hervorrief. Schon nach kurzer Zeit, schreibt Marlene Schulz, wartete sie geduldig, wenn sich jemand vordrängelte, wagte nicht mehr, sich zu wehren, nahm ihr das Gefühl, die Schwächere zu sein, den Mut: »So blieb ich immer still und fühlte mich ungerecht behandelt.«[12]

Dieser Teufelskreis, diese Unterordnung und Unfähigkeit des Aufbegehrens, zeigt sich auch bei Arbeitslosen, die sich nicht zu organisieren verstehen, sondern irgendwann nach der zwanzigsten, dreißigsten, vierzigsten Ablehnung in düstere Gleichgültigkeit verfallen, die Hoffnung verlieren und nicht fähig sind, sich der endgültigen Resignation zuu widersetzen.

Aus der Zeit der Weltwirtschaftskrise stammen die ersten Untersuchungen über die Wirkungen der Arbeitslosigkeit auf die Betroffenen. Der Soziologe Paul Lazarsfeld ließ einen damals 42jährigen Maurer zu Wort kommen:

> »Wie hart und erniedrigend ist es, den Namen Arbeitsloser zu tragen. Wenn ich ausgehe, schlage ich meine Augen nieder, weil ich mir ganz und gar minderwertig vorkomme. Wenn ich die Straße entlanggehe, scheint mir, daß ich nicht mit einem Durchschnittsbürger verglichen werden kann, daß jedermann mit dem Finger auf mich zeigt. Ich vermeide instinktiv, irgend jemand zu treffen. Frühere Bekannte und Freunde aus besseren Zeiten sind nicht mehr so herzlich. Sie grüßen mich gleichgültig, wenn wir uns treffen. Sie bieten mir keine Zigarette mehr an, und ihre Blicke scheinen zu sagen: ›Du bist es nicht wert, Du arbeitest nicht.‹«[13]

Wenn heute Arbeitslose über ihr Schicksal berichten und über die Reaktionen der Umwelt, klingt es ähnlich. Halb Bedauern, halb Unverständnis, gemischt mit einem überheblichen Unterton, der signalisiert, daß er noch das Privileg Arbeit besitzt, kennzeichnet die Äußerungen des Arbeitenden gegenüber dem Arbeitslosen.

Auch Menschen, denen es im alltäglichen Leben normalerweise

gelingt, ihr Stigma zu verbergen, verändern ihr Verhalten; der Alltag bereitet Homosexuellen, Tauben, Analphabeten, Drogensüchtigen permanente Schwierigkeiten: Wo Normale nicht nachzudenken brauchen, müssen die anderen immer erfinderisch der Entdeckung ihres Andersseins zu entgehen versuchen, ihr Stigma kaschieren, ihr Schicksal verleugnen. Ein »Stigma-Management« betreiben auch die Jugendlichen der zweiten Ausländergeneration, die sich im Verhalten kaum noch von ihren deutschen Altersgenossen unterscheiden.

Die Soziologen Achim Schrader, Bruno W. Nikles und Hartmut M. Griese beschreiben die gebrochene Identität dieser Jugendlichen:

»Stigmatisierungen in sozialen Interaktionen können dann auftreten, wenn sie, obwohl sie sich als Deutsche begreifen, als ›Ausländer‹ erwartet werden oder ihr Stigma erkannt wird. Die Regel wird jedoch sein, daß Kinder vom Kleinstkindtyp als Jugendliche oder Erwachsene sich soweit sprachlich und äußerlich angepaßt haben oder über vollendete Techniken und Kontrollen verfügen, daß ihr Stigma kaum erkannt wird bzw. immer latent gehalten werden kann und somit kein Stigma mehr ist. Das heißt aber dann, daß Situationen, in denen man das Anderssein dennoch erkennen kann (z. B. durch Namensnennung, Familienkontakt etc.) vermieden werden.«[14]

Die »zweite Generation« ist zu defensivem Verhalten gezwungen. Sie hat die sozialen, kulturellen und religiösen Brücken zu ihrer Herkunft abgebrochen, lebt dennoch in der fortwährenden Angst, daß die Brücken zu ihrer neuen Heimat sich als nicht tragfähig erweisen könnten. Auch für sie gilt der Prozeß jener *self-fulfilling-prophecy,* der sich selbst erfüllenden Vorhersage, die das Verhalten in konkreten Begegnungen für den Stigmatisierten zur Qual werden läßt und ihn schließlich in die soziale Isolierung, in den Verzicht auf Kontakt mit den Normalen überhaupt, treibt. Die drei Soziologen schreiben weiter:

»Stigmatisierte reagieren auf die Stigmatisierung defensiv, was andererseits von den Normalen als direkter Ausdruck ihres Defektes bzw. Andersseins aufgefaßt, d. h. als Rechtfertigung für die diskriminierende Behandlung herangezogen wird.«[14]

Der Normale dagegen hat leichtes Spiel. Ob er sich ekelt, teilnahmslos oder mitfühlend verhält, den anderen bekämpft, akzeptiert oder unterstützt – jederzeit ist er der Bestimmende, hat die Situation unter Kontrolle. Die Kenntnis des Stigmas verleiht Macht und erleichtert die Orientierung. Kennt der Normale die Andersartigkeit des anderen, weiß er, was er von ihm zu halten hat, ohne noch dessen konkretes Verhalten abklären zu müssen, wie im Umgang mit anderen Normalen, deren Persönlichkeitsbild er erst ertasten muß.

Die Einteilung in eine neue Zweiklassen-Gesellschaft, in Normale und nicht Normale, bedingt aber auch fortwährende Selbstkontrolle. Es gilt, nicht nur durch ein Verhalten aufzufallen, das andere zu einer Klassifizierung anregen könnte. Bei dem Sensiblen kann daraus sogar eine dauernde Angst resultieren, die Umwelt könnte aus seinem Verhalten falsche Schlüsse ziehen, in die falsche Klasse einordnen.

Denn wer entspricht schon dem gesellschaftlichen Ideal des Normalen in einer Weise, daß er keinerlei Stigmatisierung zu fürchten hätte? Wer ist schon in einer Person jung, beruflich erfolgreich, glücklich verheiratet, gut aussehend? Wer ist als deutscher Mann blond und blauäugig? Wer ertappt sich nicht mitunter beim Gedanken an eine Perversität oder an eine kriminelle Handlung? Sind solche Gedanken »frei«, sind sie Spielarten der Natur, der gesellschaftlichen Denkstrukturen oder bereits Ansätze für Abnormität?

Und selbst, wer sich von all diesen Anfechtungen frei wähnt, ist nicht sicher vor dem Unfall, der ihn zum körperlichen oder geistigen Krüppel macht, der Entlassung, die ihn mit dem Brandzeichen des Arbeitslosen versieht, einem privaten Schicksal, das ihn in den Alkoholismus oder zum Drogenkonsum treibt.

Letztlich wird also der Umgang mit den Außenseitern der Gesellschaft von den Normalen als bedrohlich angesehen. Sie sind lebende Beispiele dafür, was auch ihm geschehen kann, wenn er seine latenten Bedürfnisse nicht im Zaum hält, wenn das Schicksal zuschlägt. Das alles sind Tabus – oder wenigstens Überlegungen, die verdrängt werden. Wie bei Krankheit und Leid trifft es immer nur die anderen – dieser Gedanke allein kann aufkeimende Ängste besänftigen.

Der Normale versucht folglich in jedem Fall, Begegnungen, Kontakte mit Außenseitern zu vermeiden.

Im Urlaub muß der Majorität sogar der Anblick von Minderheiten erspart bleiben, entschieden bundesdeutsche Richter am Landgericht Frankfurt 1980. Niemandem sei es zuzumuten, Hotel und Strand mit einer Gruppe Körperbehinderter zu teilen. Ansonsten stehe ihm für die erlittene Qual ein Schadenersatz vom Reiseveranstalter zu.

Apartheid gegen Körperbehinderte. Oder, wie es kurz und treffend das Preußische Invalidengesetz von 1920 ausdrückte: »Der Krüppel gehört als solcher in eine Anstalt.« Stigmatisierte müssen ausgegrenzt werden, zumal wenn ihr Stigma äußerlich oder zumindest auf den zweiten Blick sichtbar ist.

Vom Wert sozialer Sippenhaft

Die Geschichte der Stigmatisierung ist zu schreiben als Geschichte der Bewahranstalten, Heime, Gefängnisse, Arbeitshäuser, Besserungsanstalten – und manchmal auch Konzentrationslager, allesamt Institutionen, die ihre Entstehung speziellen Vorstellungen von Moral und Normalität verdanken. Natürlich gab es schon immer Gefängnisse, Galeeren, einsame Inseln, um diejenigen Außenseiter, die man nicht zum Tode verurteilen wollte, auszusondern.

Neu ist jedoch die Ausgrenzung immer neuer Eigenschaften innerhalb der Gesellschaft, die ihre Gefängnisse nicht mehr nur Stein um Stein, sondern Vorurteil um Vorurteil erbaut – für alle, die sich nicht der Arbeitsweise und -moral der Majorität anpassen wollen oder können, für alle, die in der Leistungsgesellschaft auf der Strecke bleiben, für alle, die die Natur mit Abweichungen gekennzeichnet hat.

Am Anfang stand brutale Ausmerzung. Queen Elizabeth I. ließ die Bauern, die von den Großgrundbesitzern Englands von ihren Ländereien vertrieben worden waren und die als Landstreicher, Bettler und Diebe ihren Unterhalt suchen mußten, kurzerhand an den Chausseebäumen aufknüpfen.

In der Regel sind heute die Methoden der Ausgrenzung der Nicht-Normalen nicht so brutal, sind subtiler, wenn auch in ihren Auswirkungen vielleicht nicht minder radikal. Nur in wenigen Fällen wird zwar noch direkte Gewalt angewandt. Die Aussonderung kommt statt dessen auf leisen Sohlen. Ist eine Integration, im Physischen wie im Geistigen, undenkbar?

Ein Erblindeter schreibt:

»Meine Fragen nach einem Blindenhund wurden höflich übergangen. Ein anderer sehender Helfer nahm mich ins Schlepptau, um mich umherzuführen. Wir besuchten die Klubräume, in denen sich die blinden Mitglieder der Musik- und Theatergruppen treffen; den Aufenthaltsraum, wo bei festlichen Gelegenheiten die Blinden mit den Blinden tanzen; die Bowlinganlagen, wo die Blinden zusammen spielen; die Cafeteria, wo alle Blinden zusammenkommen, um miteinander zu essen; die riesigen Werkstätten, wo die Blinden ihren Lebensunterhalt durch die Herstellung von Mops und Besen, Webteppichen und Rohrstühlen verdienen. Wie wir von Raum zu Raum zogen, konnte ich das Schlürfen von Füßen, die gedämpften Stimmen, das Tapptapp von Stöcken hören. Hier war die sichere, abgesonderte Welt der Blicklosen – eine vollkommen andere Welt, so versicherte mir der Sozialhelfer, als die, die ich gerade verlassen hatte...

Man erwartete von mir, daß ich mich dieser Welt anschloß. Daß ich meinen Beruf aufgab und meinen Lebensunterhalt durch Mopmachen verdiente. Ich sollte den Rest meines Lebens damit zubringen, mit anderen blinden Menschen Mops zu machen, mit anderen blinden Menschen zu essen, mit anderen blinden Menschen zu tanzen. Mir wurde übel vor Angst, als das Bild in mir wuchs. Niemals war ich auf solch destruktive Absonderung gestoßen.«[15]

Hat der Blinde nur im Blindenheim seinen angemessenen Platz innerhalb der Leistungsgesellschaft? Dort, soviel ist gewiß, stört er die Normalen nicht mehr bei ihrer Arbeitsleistung, kann seinerseits, entsprechend seinen Fähigkeiten, als Mopmacher einen »angemessenen« Beitrag zur Leistungsgesellschaft bringen. Eine Eingliederung in die Gesellschaft der Normalen, durchaus denkbar und möglich, scheint vermessen. Die Gesellschaft erwartet von dem, der ausgesondert wurde, daß er sich fügt.

Der Druck auf die Normalen wird dadurch immer größer. Wenn Leistungsprinzip und Normgerechtigkeit zu den einzigen anerkannten Kriterien für den »Wert« eines Individuums werden, und damit für die Verteilung von Lebenschancen, dann wird die Angst, zu versagen, die geforderten Bedingungen nicht zu schaffen, alltäglich. In einer Gesellschaft, in der jeder, vom Kleinkind in der Vorschule bis zum Greis, aufgrund nachprüfbarer Leistung beurteilt wird, kann die Unfähigkeit, diesen Kriterien zu genügen, selbst zu einem Stigma werden. Einmal gescheitert, für immer gescheitert.

Die Erziehungswissenschaftler Manfred Brusten und Klaus Hurrelmann beschreiben die Funktion des Leistungsprinzips:

»Die Bedeutung des Leistungsprinzips erklärt sich in erster Linie aus zwei Impulsen: einmal einem egalitären Denken, das eine Abwehr von ... nicht zu rechtfertigenden sozialen Vorrechten zur Folge hat, und zum zweiten aus der Etablierung eines weitgehend rationalen Legitimitätsprinzips, das gesellschaftliche Ungleichheit rechtfertigt; in diesem Sinne fungiert das Leistungsprinzip auch als eine Norm der Ungleichheit.«[16]

Der Vorwurf der Leistungsunfähigkeit, in Schulnoten, psychiatrischen Gutachten und Arbeitszeugnissen scheinbar objektiv begründet, dient zur Rechtfertigung sozialer Ungleichheit, wird zum »Disziplinierungsinstrument«, dient schließlich als Rechtfertigung für die Aussonderung, für die Abschiebung in die Randzonen der Gesellschaft. Massenarbeitslosigkeit verschärft die Auslese, den Konkurrenzdruck. Arbeitlose haben nicht mehr die Chance, ihre Leistungsfähigkeit unter Beweis zu stellen, arbeitslose Jugendliche haben sie nie bekommen. Einmal arbeitslos, immer arbeitslos?

Solange der stigmatisierende Satz kursiert, daß Arbeitslose arbeitsscheu und -unwillig und deshalb an ihrem Schicksal selbst schuld seien, ist der gesellschaftliche Konsens der Normalität nicht in Gefahr.

Das Stigma des Arbeitslosen ist das eigentliche Stigma der Leistungsgesellschaft, hält sie zusammen. Bei drohenden Massenentlassungen in Großbetrieben ist jeder davon überzeugt, daß es nur den anderen, leistungs*un*fähigeren trifft. An die Stelle des solidarischen Kampfes gegen die Entlassung tritt sehr bald der individuelle Konkurrenzkampf, um die eigene Entlassung zu vermeiden.

Die Gewerkschaften, die die Interessen der Arbeitenden vertreten und nicht die der Arbeitslosen, machen dieses Spiel allzuoft mit. Gewerkschaftliche Ansätze, den Teufelskreis zu durchbrechen, gab es bislang nur vereinzelt. So im bayerischen Rosenheim. Auf Initiative des damaligen DGB-Kreisvorsitzenden gründete sich 1979 ein »Arbeitskreis Arbeitsloser im DGB« – einzigartig in der Bundesrepublik. Dieser Arbeitskreis nahm auch Arbeitslose auf, die nicht Mitglied der Gewerkschaft waren, klärte insbesondere Jugendliche über ihre Chancen auf, machte ihnen Mut.

Dann kam ein neuer Vorsitzender. Dieser kannte die Beschlußlage, daß »Arbeitsloseninitiativen im DGB nur für und mit Gewerkschaftlern gemacht werden können«. Er löste den Arbeitskreis auf, verwies die Arbeitslosen »an die Kirchen und andere karitative Einrichtungen«.[17]

Der Mann eignet sich zum »sozialen Kontrollagenten«.

Entgeht der Mensch dem »Schicksal« frühzeitiger Arbeitslosigkeit, so hat die Angst vor der Stigmatisierung doch kein Ende. Jeder wird älter, verliert einen Teil seiner körperlichen Kräfte, seiner Leistungsfähigkeit. Spätestens mit 65 Jahren ist die Arbeitsleistung nicht mehr gefragt, kann der verdiente Ruhestand beginnen.

Doch zum »alten Eisen« gehört man im Berufsleben schon sehr viel früher. Bereits mit 50 Jahren bekommen Industriearbeiter kaum noch einen neuen Arbeitsplatz. Nur in der Spitze der Hierarchie ist der traditionelle Wertekodex noch intakt, gilt Alterserfahrung noch etwas.

Hat schon einmal ein älterer Personalchef sich selbst entlassen? Einen Arbeiter oder Angestellten gleichen Alters lehnt er jedoch ab, zieht ihm den jüngeren, dynamischeren, innovativeren vor.

Der Sozialwissenschaftler Hans-Joachim Pohl stellt eine zunehmende Verhärtung des »Sterotyps Altsein« fest: Alte Menschen werden (noch) als verantwortungsbewußter, zuverlässiger, pünktlicher als junge angesehen, dafür aber als weniger anpassungsbereit, weniger leistungsfähig:

»Es muß davon ausgegangen werden, daß die Berufsausgliederung älterer Arbeitnehmer, die in den Arbeitslosenstatistiken deutlich sichtbar ist, auf einem gesellschaftlichen Prozeß beruht, der durch soziale Definitionen in Gang gesetzt wird. In diesem Zusammenhang stellt die berufliche Leistungsfähigkeit ein zentrales Element dar. ... Ihre Anerkennung wird eine Berufsausgliederung und auch eine Abwertung in außerberuflichen Beziehungen zur Folge haben.«[18]

Bereits über 50 Prozent der Industriearbeiter gehen vorzeitig in Rente – resigniert und verschlissen vom Arbeitstempo wie von der Befürchtung, diesem Arbeitstempo nicht mehr gewachsen zu sein.

Alte müssen in der Leistungsgesellschaft ausgegrenzt werden, zuerst aus dem Beruf, dann auch aus dem privaten Blickfeld der Normalen. Sie haben ausgedient, fallen ihren Angehörigen womöglich zur Last, verschwinden mitunter schließlich in einer speziellen Anstalt.

Zwar landen nicht alle alten Menschen in Altenheimen, nur vier Prozent der über 65jährigen, acht Prozent der über 75jährigen. Entscheidend für den Prozeß der Stigmatisierung der Alten ist jedoch, daß das Klischee der Heim-Alten – hilflos und schwach – die Vorstellung der Normalen, der Jungen also, bestimmt.

Die Pädagogin Barbara Strauch beschreibt den Mechanismus der Alters-Stigmatisierung:

»Es ist, als ob bestimmte Vorstellungen und Meinungen über alte Leute in besonderer Weise auf das Altenheim als soziale Institution projiziert würden. Im Zusammenhang mit diesen Einstellungen ist auch das ungünstige Image des Altenheims zu sehen, das weitgehend aufgefaßt wird als ein Altenasyl, in dem man kaserniert und von der Umwelt abgeschlossen sein Lebensende fristet.«[19]

Die Angst alter Menschen vor der Abschiebung ist jedenfalls real; es ist eine rasende Angst, eine Angst, die »verrückt« machen kann.

Im Februar 1984 berichteten Hamburger Zeitungen von einer 75jährigen Frau, die drei Tage lang hilflos durch die Kälte irrte. Gemeinsam mit ihrem Mann hatte sie beschlossen, ihr Reihenhaus aufzugeben und in ein Altenheim zu ziehen. Die Arbeit wurde zuviel. Beim Anblick der Enge des Heims und angesichts der dortigen Verhältnisse war sie dann in panischer Angst geflohen. Verrückt oder normal?

Das Altenheim – ein »Entsorgungspark« für ausgediente Menschen? Alte und Kinder, so heißt es, benötigen und verdienen den besonderen Schutz der Gesellschaft. Die einen sind nicht mehr, die anderen noch nicht fähig, mit den Normalen Schritt zu halten.

Der Umgang mit den Kindern wird in der Leistungsgesellschaft dadurch bestimmt, daß man ihnen die geltenden Normen und Werte vermittelt – sie müssen daran gewöhnt werden, daß man sie nach ihrer Leistungsfähigkeit beurteilen wird.

Der Konkurrenzkampf beginnt spätestens mit dem ersten Schultag. Offenbar objektiv, durch Schulnoten bescheinigt, und mit dem Wert eines persönlichen Intelligenzurteils besiegelt, werden gesellschaftliche Chancen zugewiesen, wird der Weg fürs Leben geebnet – oder auch nicht. Einige bleiben auf der Strecke, werden schon in der Schule als leistungsunwillig und -fähig abgestempelt. Das läßt sich in einer Leistungsgesellschaft nicht vermeiden.

Alle, die die Norm, hier: das Klassenziel, nicht erfüllen, belasten das »Lernklima« ihrer Klasse, hindern die anderen, leistungsfähigeren Schüler am Fortkommen. Die Pädagogen Manfred Brusten und Klaus Hurrelmann bechreiben, was heute in der Schule vor sich geht:

»Die in unseren Schulen ablaufenden Unterrichtsprozesse sind durch das Vorherrschen des Leistungsprinzips eindeutig gekennzeichnet. Die wichtigste und ›sakralste‹ Handlung, die ein Lehrer vorzunehmen hat, ist die Taxierung, Sortierung und Selektion von Schülern nach ihrer jeweils fachspezifischen Leistungsfähigkeit. Die von einem Schüler erworbenen, Zensuren in einem Fach bestimmen nach den Spielregeln dieser Institution seinen formellen Status in der Unterrichtsorganisation, also nach den offiziellen Wertmaßstäben gewonnenes Prestige.«[20]

Schwache Schüler geraten nicht nur beim Unterrichtsstoff ins Hintertreffen, sondern auch in der Wertschätzung ihrer Mitschüler.

Mit ihnen spielt man nicht. Sie drohen isoliert, manchmal auch ganz aus der »Klassengemeinschaft« ausgestoßen zu werden. Wer auf die Sonderschule überwiesen wird, trägt das Zeichen amtlich erwiesener Dummheit – fortan und womöglich für ein ganzes Leben, ein Kainsmal, das ihm in der Leistungsgesellschaft alle Chancen verbaut.

Die Lehrer, obschon um Objektivität bemüht und sich ihrer Verantwortung bewußt, beurteilen ihre Schüler nach den geltenden Normen. Das macht die geringsten Schwierigkeiten, zumal sie selbst mit diesen Normen aufgewachsen sind. Mit dem Etikett der »Dummheit« in die Sonderschule überstellt werden folglich vor allem Schüler aus der Unterschicht: 43 Prozent der Sonderschüler und 24 Prozent der Hauptschüler kommen aus der unteren Unterschicht, hat der Bildungsforscher Walter Thimm gezählt, bei einem Anteil dieser Schicht an der Gesamtbevölkerung von 16 Prozent.

»Nach bisher vorliegenden Untersuchungen treffen folgende stigmatisierenden sozialen Merkmale überzufällig häufig auf Sonderschüler zu: Sie stammen aus Arbeiterfamilien (Ungelernte, Angelernte) mit überdurchschnittlich hoher Kinderzahl. Die Familien wohnen beengt, häufig in ›anrüchtigen‹ Wohngebieten oder gar in sogenannten Asozialen-Vierteln. Die Herkunftsfamilien sind häufiger als bei anderen Schülern zerrüttet und/oder unvollständig. Bis zum Schuleintritt haben diese Kinder in der Regel keinen Kindergarten besucht. Sie stellen das Hauptkontingent der Schulunreifen, werden für ein Jahr vom Besuch der Grundschule zurückgestellt und bleiben in den ersten Volksschuljahren sitzen. Nach der Schulentlassung münden diese Schüler schließlich zum überwiegenden Teil in niedrige Berufspositionen.«[21]

Natürlich formt die Umwelt den Menschen. Natürlich ist nicht von der Hand zu weisen, daß in vielen Familien häufig nicht die Umgebung für eine Ausformung der Intelligenz geboten wird. Chancengleichheit?

Der Teufelskreis der Verteilung sozialer Chancen hängt aber mindestens in gleichem Maße mit den sozialen Vorurteilen zusammen: Einmal dumm, immer dumm.

Das Stigma der Eltern, die von der Gesellschaft als soziale Außenseiter, als Türken oder Neger, als Leistungs- oder Arbeitslose eingeordnet werden, geht durch die Einschätzung der sozialen Kontrollagenten in der Schule automatisch auf die Kinder über. Soziale Sippenhaft.

Nur selten gelingt es einem solchen Schüler, die Mauer sozialer Vorurteile zu durchbrechen. Es gibt längst einen Automatismus, anerkannte Spielregeln in der Gesellschaft, stillschweigende Vereinbarunen. Nur selten wird die Diskriminierung so offenkundig wie bei Mustafa, dem trotz guter Noten die Aufnahme ins Gymnasium verweigert wurde. Viele Kinder bekommen die guten Noten erst gar nicht.

Ein Intelligenztest mußte, wie erinnerlich, herhalten, um das soziale Fehlurteil der Hauptschullehrer, die Mustafa ins feine Münchner Asam-Gymnasium schicken wollten, zu korrigieren.

Nach dem Urteil des Psychologen und Soziobiologen Richard J. Herrnstein können nur Intelligenztests Auskunft über die objektive Leistungsfähigkeit eines Menschen geben. Da Intelligenz erblich sei, könne mithin eine ethnische Abstufung der intellektuellen Leistungsfähigkeit vorgenommen werden – oder natürlich auch der Dummheit.

Herrnsteins Forderung, daß jedem seine Stellung in der Gesellschaft gemäß seinem Intelligenzquotienten gebühre, scheinen sich mehr und mehr in unserer Leistungsgesellschaft breit zu machen. Ein türkischer Arbeiter mit geringer Intelligenz kann nur einen weiteren türkischen Arbeiter mit geringer Intelligenz zeugen. Die Rassenlehre des »Heidelberger Manifests«, die Ausländerpolitik der Bundesregierung will also nicht nur eine kulturelle Vermischung verhindern – sondern eine Verdummung des deutschen Volkes.

Die Soziobiologen haben also ihr »Gen der Normalität« gefunden. Es nimmt Gestalt an in Form der Intelligenz. Ein Normaler ist in der Leistungsgesellschaft der Intelligente, ein Abweichender der Dumme. Beim Intelligenztest nun besteht eine Beziehung zwischen den gemessenen Werten von Eltern und Kindern. Intelligenz wäre erblich – und also auch das Stigma des Dummen, Erfolglosen.

Die Gesellschaft spaltet sich auf in eine erfolgreiche Klasse und eine Klasse der Versager – auf ewige Zeiten und biologisch begründbar:

»Mit steigendem Wohlstand und zunehmender Vielschichtigkeit der menschlichen Gesellschaft droht sich so eine Schicht herauszubilden, unfähig, die gängigen Berufe auszuüben, außerstande, beim Wettlauf um Erfolg und Leistung mitzuhalten und aller Wahrscheinlichkeit nach von Eltern in die Welt gesetzt, die ihrerseits schon auf ähnliche Weise versagten. Während Sonntagsbeilagen und Illustrierte ständig neue Schauermärchen über genetische Manipulationen bringen, scheint sich unsere Gesellschaft in Wirklichkeit unaufhaltsam in erblich verankerte Klassen aufzuspalten.«[22]

Die Dressur des Proles. Durch die unermüdliche geistige Tätigkeit der Erfolgreichen werden immer mehr untergeordnete Arbeiten von Robotern und Computern übernommen. Die Dummen, Erfolglosen finden keine Arbeit mehr.

Das »Gen der intelligenten Normalität« wird als die prosaische Eigenschaft definiert, erfolgreich nach wirtschaftlichem und sonstigem Gewinn zu streben. Und zum Gewinn kommt der Mensch dadurch, daß er seinem naturgegebenen und eingefleischten Egoismus folgt – auf Kosten der Schwachen. Einmal Gewinner, immer Gewinner.

Je egoistischer, je rücksichtsloser ein Mensch ist, desto intelligenter ist er. Wir leben in einer Gesellschaft, die diesen Bestrebungen, die dieser Ideologie, wissentlich oder unwissentlich, Vorschub leistet. Es gilt das Recht des Klügeren. Ist Unwissenheit moralische Stärke?

Freiheit ist Sklaverei

»Die Freiheit der Person ist unverletzlich.«

(Grundgesetz, Artikel 2/2)

»Ein Volk muß seine Freiheit selbst erobern, nicht zum Geschenk erhalten.«

(Kurt Rebmann, Generalbundesanwalt)

Normalität ist erste Bürgerpflicht

1982, an einem Sommertag, in der Innenstadt von Antwerpen, wurde ein Nürnberger Unternehmensberater bei einer Routine-Überprüfung der belgischen Polizei festgenommen, sechs Stunden verhört und danach wieder auf freien Fuß gesetzt. Das Bundeskriminalamt in Wiesbaden hatte sich offensichtlich geirrt, hatte ihn als Terroristen auf der Fahndungsliste ausgeschrieben.

Es war nur bedingt ein Irrtum. Der vorübergehend Festgesetzte hatte 1977, fünf Jahre zuvor, als 26jähriger, an der Bestattung der in Stuttgart-Stammheim ums Leben gekommenen Terroristen Andreas Baader, Gudrun Ensslin und Jan-Carl Raspe teilgenommen. Alle Trauergäste auf dem Friedhof waren seinerzeit registriert, waren verdatet worden – vorsichtshalber. Warum er, offenkundig unter falschem Sachverhalt, noch im unerbittlichen Fahndungsraster des BKA steckte, wollte der Unternehmensberater nach dem Antwerpener Vorfall durch den Bundesbeauftragten für den Datenschutz ermitteln lassen. Die Wiesbadener Bundespolizei verweigerte die Auskunft, konnte leider keine Auskunft erteilen – im Interesse des Staates, d. h. seiner freiheitlich-rechtlichen Grundordnung. Wer Menschen das letzte Geleit gibt, sollte darauf achten, ob es sich bei dem Verstorbenen nicht um eine amtlich registrierte, überwachte, elektronisch gespeicherte Person handelte, an deren Umfeld die Überwacher auch nach der Beerdigung noch Interesse haben. Er könnte sonst flugs selbst zum Gegenstand intensiver Beobachtung werden, könnte fortan einen Daten-Schatten haben.

Juristisch gesehen war die jahrelange Speicherung Unrecht, denn nur eine Straftat hätte eine dermaßen lange Aufbewahrung im Elektronengehirn der Wiesbadener Fahnder rechtfertigen können.

Tote Terroristen auf ihrem letzten Weg zu begleiten, ist im Sinne der Rechtsprechung keine Straftat. Aber die staatlichen Schnüffler sind der festen Überzeugung, im Kampf gegen das Übel, gegen Gewalt, Mord, Schwerverbrechen, aber auch gegen politisch Abtrünnige, sei eine Rechtsbeugung, manchmal vielleicht auch ein Rechtsbruch, zu legitimieren – gewissermaßen als staatlicher Notstand und moralische Verpflichtung zugleich.

»Die Behörden des Sicherheitsbereichs erheben, speichern und übermitteln Daten von Bürgern in großen Mengen ohne jede gesetzliche Grundlage; die Betroffenen können sich schon deswegen nicht dagegen wehren, weil sie nichts davon wissen.«[1]

So der Hannoveraner Rechtswissenschaftler Jürgen Simon. Die Behörden des Sicherheitsbereiches, das sind Bundeskriminalamt, Bundesamt für Verfassungsschutz, Bundesgrenzschutz, Bundesnachrichtendienst und Militärischer Abschirmdienst. Sie sammeln Daten ohne gesetzliche Berechtigung, sie tauschen unter der Hand Daten aus nicht mehr aktuellen oder angeblich längst gelöschten Unterlagen großzügig aus, ohne nach den Gründen zu fragen, sie stellen Direktverbindungen her, die ohne Spuren bleiben, damit der Mißbrauch sich verheimlichen und nicht nachweisen läßt.

Die deutsche Gründlichkeit, gepaart mit der bürokratischen Perfektion nachpreußischer Behörden, beschert uns die Aussicht auf einen Überwachungsstaat, wie er in anderen Ländern, selbst totalitären Regimen, nicht annähernd vergleichbar existiert. Die elektronische Bespitzelung kann weitaus dramatischere Dimensionen annehmen als die Überwachung unter dem Vorwand des Staatsschutzes in den erkennbar unfreien Staaten des Ostblocks. Ist unsere Unfreiheit vielleicht nur nicht erkennbar?

Das Prinzip ist einfach: Gespeichert wird, wer verdächtig oder (Neusprache) »verdachtsnah« ist – und das bedeutet: auffällig und suspekt. In regionalen Polizei-Datenbanken wurden in den letzten Jahren die Personalien erfaßt von Hausbesetzern und Rockern (Berlin), Prostituierten und psychiatrisch Kranken (Baden-Württemberg), Punkern und Pazifisten (Niedersachsen). Registriert in den Computern der Überwacher sind Bürger, die bei Anarchisten-Prozessen zuhören, häufig die Transitstrecken nach Berlin benutzen, im Bundeshaus mit Abgeordneten sprechen, Leihautos mieten, in Hotels nächtigen, mit Drogenverdächtigen korrespondieren, Häftlinge aus der Terrorszene besuchen.

Der Normalbürger tut dies alles nicht. Verdächtig ist also jeder, der von einem bestimmten Verhaltensmuster abweicht. Das kann sich äußern in seinen Gepflogenheiten, seinem Aussehen, seinen Äußerungen, seinen Kontakten. Längst nicht mehr wird von den Sicherheitsbehörden Strafverfolgung gegen Schwerverbrecher oder Gefahrenabwehr bei anarchistischen Gewaltakten als das eigentliche Ziel der Schnüffelei gesehen, sondern vermeintliche Vorbeugung von Kriminalität durch Spurensicherung von der Norm abweichender Gewohnheiten. Der Individualist, gegenüber dem Anpasser meist schon durch Kleidung und Gebärden erkennbar, gilt als Gefährdungspotential der Funktionsgesellschaft, die nur Gut und Böse kennt, und die das Böse endgültig ausmerzen will. Die Polizei mit ihren Massenkontrolltechniken ist nicht nur Werkzeug einer solchen Funktionsgesellschaft, nicht nur ausführendes Organ, sondern Kopf der neuen Bewegung. Gefragt ist der Normbürger, numeriert und verdatet zwar, aber unverdächtig, weil er durch jedes Raster fällt, an dem die anderen, die neuen Gesetzlosen, hängenbleiben.

Und von dem parlamentarischen Staatssekretär im Bundesinnenministerium wird berichtet, daß ihm »Frieden und Freiheit auch im Innern wichtig sind, aber da in erster Linie für die Normalen, nicht für die Perversen, Minderheiten, Terroristen und Randgruppen.«[2]

Da weiß man wengistens, woran man ist. Disziplinierung durch Diskriminierung. Der Überwachungsstaat – das ist die Macht der Apparate und der Sachzwänge, gepaart mit dem Ideal von Recht und Ordnung. Es gilt, Kriminalität schlechthin zu eliminieren. Der Kampf gegen das Schlechte, das Unmoralische, rechtfertigt Methoden, die eines liberalen Rechtsstaates nicht würdig sind. Der Journalist Werner Meyer-Larsen faßt es so zusammen:

»Das hohe Ziel einer Gesellschaft ohne Gesetzlose wird pervertiert durch die Züchtung neuer Gesetzloser, jener Gruppe, die sich nicht anpassen will und die in einem liberalen Staat den Fortschritt bringt... Doch der friendly fascism einer Technik-Gesellschaft ist da und nicht zu bremsen. Er steckt im Denksystem des zivilen und uniformierten Technokraten.«[3]

Mißtrauen in den Staat gehört zu den wichtigen Elementen einer lebendigen Demokratie, ebenso wie rationale Diskussion. Wo der Staat sich als monströser Leviathan, als Ungeheuer gebärdet, sät er Mißtrauen – und erntet heftige Widerstände. Die Aufklärung steht dann auf verlorenem Posten, wird Karikatur oder gerät in den Ruf von Propaganda. Allzu viele Bürger haben allerdings noch immer ein eher blindes Vertrauen zum Staat. Da wird Obrigkeitsdenken spürbar. Auch der Überwachungsstaat kann sich deswegen der Symphathie vieler, wenn nicht sogar der meisten Normalverbraucher sicher sein. Ihnen waren die Andersdenkenden, die Außenseiter, die Individualisten ohnehin schon immer ein Dorn im Auge. Die schweigende Mehrheit hat noch nie Verständnis aufgebracht für Taugenichtse, für Punker, Homosexuelle, Arbeitsunwillige, seelisch Kranke, Ausländer. Die gemeine Volksseele ist leider radikal in ihrer Normalität. Und anfällig für Einflußnahmen. Minderheiten eignen sich gut, um Witze über sie zu reißen, taugen gut für Feindbilder.

Die vorbeugende Verbrechensbekämpfung wird deshalb Beifall finden, wenn sie diese kriminellen Elemente im Auge behält und Übergriffe auf den ehrlichen deutschen Steuerbürger verhindert. In der Geborgenheit des Normbürgertums steckt die Kraft des Stroms, gegen den zu schwimmen ein aussichtsloses Unterfangen wird, wenn sich diese Solidarität als neues Demokratieverständnis durchsetzt. Auf dem Wege dorthin befinden wir uns längst:

> »Das Bundeskriminalamt stellte denn auch fest, daß *normgerecht* lebende Bürger aus dem Kreis der Verdächtigen ausgeschieden und nicht in polizeilichen Informationssystemen gespeichert werden. Die Folge könnte Angst, Anpassung und schließlich die Standardisierung der persönlichen Lebensgestaltung sein. Diese Außenlenkung kann über den Weg schleichender Entmündigung bis zur totalen Konformität führen.«[4]

Schreibt Jürgen Simon. In den EDV-Anlagen der Sicherheitsbehörden, also vor allem des Bundeskriminalamtes (Pios, Inpol) und des Verfassungsschutzes (Nadis) sind schätzungsweise acht bis neun Millionen Bundesbürger gespeichert, darunter vor allem Mitglieder von Randgruppen: Vorbestrafte, Atomgegner, Drogensüchtige, Selbstmordgefährdete, Prostituierte, Hausbesetzer. Die Reihe ließe sich beliebig fortsetzen. Die Zahl der Personen, die von Kripo oder

Verfassungsschutz zur elektronischen Beschattung ausgeschrieben wurden, hat sich in den letzten Jahren um 50 Prozent erhöht. Der Reiseüberwachung zum Beispiel unterliegen nicht nur Terrorismus- oder Drogenverdächtige, sondern auch mutmaßliche Gewaltdemonstranten. Die Mutmaßung ist ausreichend. Nicht die straffällig gewordenen Kriminellen stellen die Mehrheit der Daten, sondern die Verdächtigen. Und verdächtig ist man nach dem Verständnis der Datensammler schnell in dieser Republik. Der ehemalige Bundesbeauftragte für den Datenschutz, Professor Hans-Peter Bull, fand heraus, daß im Computer-System Pios (»Personen, Institutionen, Objekte, Sachen«) beim Wiesbadener Bundeskriminalamt auch Angaben über Personen gespeichert sind, die ...

»... nur einen zufälligen, ihnen selbst gar nicht bewußten Kontakt mit Angehörigen des terroristischen Umfelds hatten oder ... sich kritisch mit den Formen der staatlichen Terrorismusbekämpfung auseinandersetzen.«[5]

Gesucht oder überwacht werden Kontaktpersonen und Kontaktpersonen von Kontaktpersonen. In Pios waren zeitweise nicht nur Daten von 16jährigen Abonnenten der linken Tageszeitung *TAZ,* sondern auch Angaben über achtjährige Kinder gespeichert. Lieber zu viel als zu wenig Daten? Dabei sind die Angaben für die Arbeit des Verfassungsschutzes zum Beispiel völlig sinnlos, wie Christian Lochte, Chef des Hamburger Verfassungsschutzes, betont:

»Unsere Terroristenanhänger im Computer vermehren sich wie die Karnickel ... Zuerst wurden die sogenannten erkannten Unterstützer zur Beobachtung eingegeben, dann wurden deren Kontaktpersonen hinzugenommen. Beispiel: wenn eine (zur beobachtenden Fahndung ausgeschriebene) Person im Zug saß, im Sechs-Personen-Abteil, nahm die Grenzpolizei die anderen fünf Jugendlichen als Kontaktpersonen eines Unterstützers dazu. Wenn man nun einen dieser fünf durch Zufall mit Freunden auf einer Reise nach Berlin feststellte, wurden die Freunde zu sogenannten Kontaktpersonen. Nach relativ kurzer Zeit gab es im Computer davon rund 11000. ... Die Abklärung durch den Verfassungsschutz hat rasch ergeben, daß bei nicht einmal 1000 von einer möglichen Relevanz zu sprechen war. Bei einer zweiten Schau blieben nur noch einige hundert. Endpointe: Die waren uns aufgrund anderer Erkenntnisse längst alle bekannt.«[6]

Auch bei der Suche nach konspirativen Wohnungen bediente sich das Bundeskriminalamt einer systematischen Fahndung unter Zuhilfenahme des Computers. Aussortiert wurden 1979 in mindestens zwölf Großstädten der Bundesrepublik aus den Kundendateien von Strom-, Gas- und Wasserwerken alle Verbraucher, bei denen Ort des Energieverbrauchs und Zahlungsadresse nicht übereinstimmen. Es sollten Personen herausgefunden werden, die Rechnungen für andere bezahlen, weil man ein solches Verfahren unter Terroristen für üblich hält. Auffällig war weiterhin jeder, der das Geld für die Stromrechnung nicht überweist, sondern bar einzahlt. Und wenn ein Vater für seine studierende Tochter, seinen studierenden Sohn, die Rechnung begleicht, oder ein Mann für seine von ihm getrennt lebende Frau?

Parallel dazu wurden vom BKA im Rhein-Main-Gebiet systematisch alle Anbieter von Wohnungen überprüft, teils mit Hilfe der Fernmelde-, Grundbuch- und Melde-Dateien. In einem zweiten Schritt siebten die Beamten durch Befragungen bei Banken, Firmen, Maklern, Briefträgern, Hausmeistern und Nachbarn unverdächtige Bürger aus, hinterließen dabei oftmals »verbrannte Erde«, Verdächtigungen gegenüber Personen, die nach Meinung ihrer Umwelt ohnehin als suspekt galten, weil ihr Lebenswandel von der Norm abweicht. Da wurde so manches Vorurteil bestätigt, selbst wenn die Fahnder nach der Befragung verneinten, daß es sich bei der betreffenden Person um einen Terroristen oder eine Terroristin handele. Das Gerücht reicht schon zur Diskriminierung. »Umfeldvergiftung« überschrieb die *Frankfurter Rundschau* im Juli 1979 zutreffend ihren Bericht über die Konsequenzen einer solchen Fahndung. Auszüge:

»Die Herren stellten sich vor, zeigten der Hausmeisterin ihre Ausweise, sagten, sie seien im Auftrage des Bundeskriminalamtes unterwegs und baten um die Beantwortung einiger Fragen. Wer denn die Mieterin namens X sei, wollten sie wissen, ob der Hausmeisterin Familienstand, Lebenswandel, Beruf und Arbeitgeber der Dame bekannt seien, wie die Mieterin aussehe, wie alt sie sei. . . . Der zur Auskunft aufgeforderten Frau war nicht wohl dabei, sie beschied die Herren, daß Frau X verheiratet und Mutter sei, worauf die zufrieden schienen, ihr noch auftrugen, ja nichts von ihrem Besuch zu erzählen. So also recherchiert die Polizei bei ihrer Suche nach Terroristen. Da wird das Umfeld abgeklopft, werden Befragte um Verschwiegenheit gebeten, ist die Rede von ›laufenden Ermittlungen‹. . . . Die ausgehorchte Umwelt plagt Unsicherheit.

Das hatte zur Folge, daß Frau X wenig später von Verdacht und Besuch erfuhr. Wie hatte sie, verheiratet, ein Kind, Journalistin von Beruf, im Fahndungsraster hängenbleiben können? Sollten Nachbarn Tips gegeben haben? Oder gar Mitbewohner? Die Recherchen in eigener Sache verhindern die drohende Umfeldvergiftung. Bei der Anmietung bewußter Zweitwohnung im Westend hatte die Journalistin den falschen Bescheid auf der Meldestelle erhalten, wonach eine Anmeldung des Zweitwohnsitzes nicht vonnöten sei. Ein halbes Jahr später geriet sie deshalb in die Prüfungs-Maschinerie. ... Kein Grund zur Aufregung? Sie wäre noch heute in den Augen ihrer Umwelt verdächtig, hätte nicht die Hausmeisterin mit der Ahnungslosen gesprochen. Hunderte von Menschen, auf die ›Spuren‹ deuten, sind in vergleichbare Situationen durch Fragen der Polizei gebracht worden. Alles Routine?«[7]

Nach der Befragung vor Ort wurden die Daten der bei der Rasterfahndung noch immer nicht entlasteten Personen mit den Angaben in den einschlägigen Polizeidateien (Inpol, Pios, Napolis) überprüft. Ergebnis der Millionen-Bürgerdaten-Abfrage: Festnahme *einer* Person, die terroristischer Straftaten verdächtigt wurde.

Das Grundmuster der Rasterfahndung, die Verdächtigen unter Personen mit gleichen Merkmalen und Gewohnheiten so lange von Unverdächtigen zu trennen, bis sich der konkrete Verdacht bestätigt, führt zwangsläufig zu einer Verdächtigung absolut unschuldiger Bürger. Da nach Merkmalen vorgegangen wird, die von der gesellschaftlichen Norm abweichen, geraten dabei ausgerechnet jene Personen in Verdacht, die ohnehin in den Augen ihrer Mitmenschen Außenseiter, damit anders, damit suspekt sind. Toleranz ist leider eine immer noch dünn gesäte Eigenschaft in der Bundesrepublik.

Schon wer die Gefahren einer solchen Entwicklung aufzeigt, wer Kritik übt an der Verletzung der Privatsphäre, wer Anstoß nimmt an dem Rechtsstaat-Verständnis der beamteten Spitzel, muß damit rechnen, als Staats-, ja als Volksfeind tituliert zu werden. Kurz vor der für 1983 geplanten Volkszählung äußerte sich Bundesinnenminister Friedrich Zimmermann über die Widerstände in der Bevölkerung gegen die institutionalisierte Neugier des Staates:

»Das ist eine zwar zählbare, aber insgesamt kleine Minderheit. Wenn ich mir so die Aufrufe ansehe, die da verbreitet werden, ihren Text, ihre Wortwahl, dann finde ich, daß das weniger ein Angriff gegen die Volkszählung ist als vielmehr ein

Angriff auf das ganze System. Da ist der Rechtsstaat Bundesrepublik Deutschland herausgefordert.«[8]

Andere, wie der Bevölkerungswissenschaftler und Statistiker Professor Max Wingen machten gar Anleihen bei Sigmund Freud, um zu erklären, was in einem Obrigkeitsstaat doch eigentlich so unerklärlich war: die Abneigung breiter Bevölkerungsschichten gegen die Daten-Sammelwut der Behörden. Wingen schrieb:

»Die Überlegungen ... konzentrieren sich auf die These, daß die Diskussion und die dabei zutrage getretenen Verhaltensweisen als ein Phänomen verstanden werden kann, das ... deutliche Züge einer kollektiven Psychose trägt, eingedenk der schon von Sigmund Freud geäußerten Vermutung, daß ganze Gesellschaften wie Individuen neurotisch aufgeladen werden können. ... Der einzelne, dessen Menschenwürde und persönliche Freiheit so lebhaft beschworen wurden, wurde zum Objekt von Mobilisierungsstrategien gemacht.«[9]

Das Bundesverfassungsgericht, das ist bekannt, sah es anders. Es stoppte im April 1983 das Volksverhör durch eine einstweilige Anordnung und bestätigte seine ablehnende Haltung nach den Verhandlungen in der Hauptsache Ende des Jahres. Die Karlsruher Verfassungsrichter spielten dabei auch auf die Schmähreden der unqualifizierten Befürworter an – ohne sie beim Namen zu nennen. Sie schrieben in der Urteilsbegründung:

»Die durch dieses Gesetz angeordnete Datenerhebung hat Beunruhigung auch in solchen Teilen der Bevölkerung ausgelöst, die als loyale Staatsbürger das Recht und die Pflicht des Staates respektieren, die für rationales und staatliches Handeln erforderlichen Informationen zu beschaffen.«[10]

Das Gericht wollte insbesondere keine Aushöhlung des Rechtsgrundsatzes hinnehmen, daß jemand, auch ein Straftäter nicht, gegen sich selbst aussagen muß, weil eine solche Beugung des ehernen Grundsatzes den Rechtsstaat Bundesrepublik den Gebaren von Unrechtsstaaten angenähert hätte, die Aussagen statt mit Zwangsgeld mit Folter erzwingen. Und der Bürger solle sich nicht davor fürchten müssen, daß »abweichende Verhaltensweisen jederzeit notiert und als Information dauerhaft gespeichert, verwendet oder weitergegeben werden.«[10]

In der Tat lassen Auswahl und Umfang der Fragen in der gescheiterten Volkszählung den Verdacht keimen, der Staat gehe gewissermaßen von einem Bürger als Sicherheitsrisiko aus, dem auf die Schliche zu kommen sei. Was geht die Behörden an, ob ich Insasse einer Anstalt bin, wer mein monatliches Gehalt bezahlt oder ob ich von eigenem Vermögen, von Zinsen lebe, welcher Religionsgemeinschaft ich angehöre, ob ich einen Wohnberechtigungsschein besitze. Für statistische Aussagen wäre auch eine Stichprobenbefragung im Rahmen der Demoskopie ausreichend, deren Präzision wir jeden Wahlabend aufs neue erfahren. Detailkenntnisse, flächendekkend ermittelt, können nur dem Zweck dienen, sie mißbräuchlich gegen die Betroffenen zu verwenden: Wohnungsämter fahnden nach Leuten, die Wohngeld beziehen, aber nicht berechtigt sind; Finanzämter interessieren sich für die Vermögensverhältnisse der Steuerzahler; Kreiswehrersatzämter spüren Wehrpflichtige auf, die sich hinter einer fiktiven Hauptwohnungsadresse in Berlin verstekken; Ausländerämter suchen nach illegal in der Bundesrepublik lebenden Ausländern; Kfz-Zulassungsstellen prüfen, ob sich ein Wagenbesitzer hinter einer Anschrift auf dem Lande verbirgt, weil dort die Versicherungsprämien günstiger sind.

Wer diese denkbaren Konsequenzen der Aushorchung anprangert, setzt sich dem Verdacht aus, derlei Machenschaften, vom kleinen bis zum großen Betrug, von erschlichenen Zuschüssen bis zur Steuerhinterziehung, zu billigen. Es geht jedoch vielmehr darum, die Statistik nicht mit solcher zweifelhaften Aushorchung zu vermengen, zumal deren Wert durch falsche Angaben derjenigen, die sich nicht in Mißkredit bringen wollen, sinkt. Datenschützer fürchten vor allem eine Privatisierung des Datenfundus, wie sie zum Beispiel die niedersächsische Landesregierung beabsichtigt. Aber auch die Wirtschafts-, Verkehrs- und Umweltplanung hat an soziologischen Atlanten, flächendeckenden Profilen, erhebliches Interesse. Soll zum Beispiel ein Stadtteil saniert werden, druckt der Computer aus, wo der geringste Widerstand zu erwarten ist, weil dort nur Alte und Ausländer wohnen. Solche Mißbräuche schließt der Bundesinnenminister aus – nicht aber das Bundesverfassungsgericht. Es ließ sich von den Argumenten vor allem der baden-württembergischen Datenschutz-Beauftragten, Ruth Leuze, leiten. Sie sagte während ihres Plädoyers in Karlsruhe u. a.:

»Die Bundesanstalt für Arbeit braucht von den Einwohnermeldeämtern heute nur noch die ersten fünf Buchstaben des Familiennamens aller Einwohner mit minderjährigen Kindern und deren Geburtstag, um über Datenabgleich festzustellen, wer in der Bundesrepublik zu Unrecht Kindergeld bezieht.

Noch leichter wäre es, beim Statistischen Landesamt gespeicherte Volkszählungsdaten mit den Melderegistern der Gemeinden zusammenzuführen. Da beide Dateien die Anschrift nach derselben Systematik registrieren, läßt sich von 5,3 der 9,2 Millionen Einwohner Baden-Württembergs auf einen Schlag feststellen, wer bei der Volkszählung welche Angaben gemacht hat. Weiß man dies, ist es bloß noch ein Kinderspiel, die Volkszählungsdaten dieser 5,3 Millionen Bürger mit all ihren andernorts gespeicherten Daten zu verknüpfen. Dafür braucht man nicht, wie es lange unumgänglich schien, ein Personenkennzeichen; Teile des Namens, der Anschrift oder des Geburtsdatums reichen völlig. Die Gefahr einer Totalregistrierung bestand bei früheren Volkszählungen nicht. Der Gesetzgeber war deshalb freier.«[11]

Friedrich Zimmermann hatte schon Monate zuvor klargestellt, was er von solchen Argumenten hält.

»Das Statistikgeheimnis ist noch nie verletzt worden. Informatiker, die hier Bedenken anmelden, muß ich verdächtigen, daß sie weniger die Volkszählung als das System der Bundesrepublik Deutschland meinen, wenn sie hier aggressiv werden.«[8]

Selbst der Boykott der Volkszählung hätte den staatlichen Aushorchern Daten an die Hand gegeben, Daten über Querulanten, Neinsager und Verweigerer, die sich der gesetzlichen Datensammelei widersetzen. Friedrich Zimmermann:

»Datenschutz für die Verweigerer? Da gibt es überhaupt kein Problem. Wer verweigert, hat die nach dem Gesetz vorgesehenen Bußgelder zu gewärtigen. Mit dem sonstigen Verhalten des Verweigerers hat das nicht das Geringste zu tun.«[8]

Spurensicherung gegen das Böse

Die rigorose LawandOrder-Politik macht Angst; der Überwachungsstaat steht und fällt nicht mit der Volkszählung allein. Neues Anliegen des Staates ist der fälschungssichere Ausweis – mit einer durch die Hintertür eingeführten Personenkennzahl. Mit diesem Instrument wird in der Bundesrepublik die erste Massenkontrolle auf technischer Basis möglich. 100000 Lesegeräte sind bereits bestellt – 10000 für Behörden, 90000 für private Firmen.

Das Plastikkärtchen, das in Sekundenschnelle erlaubt, einen direkten Datenvergleich mit denen im Zentralcomputer vorzunehmen, war ein Lieblingskind des früheren BKA-Präsidenten Horst Herold, der sich davon eine Verbesserung der Rasterfahndung versprach.

Das Prinzip ist simpel: Während zum Beispiel an den Grenzen des Landes die Papiere bislang nur stichprobenweise geprüft wurden, ist nunmehr eine systematische Kontrolle denkbar. Die Maschen des Netzes werden also wesentlich enger. Das könnte man noch als positiv werten. Es muß aber gar nicht um die Festnahme einer gesuchten Person gehen, es können auch Bewegungsbilder von Verdächtigen gemacht werden, weil der Computer unerbittlich festhält, wo und wann welche Person kontrolliert und überprüft wurde. Die Einführung des Ausweises brächte uns dem totalen Überwachungsstaat ein gehöriges Stück näher. Denn im Rahmen der Verbrechensvorbeugung, der prophylaktischen Beobachtung unliebsamer Personen, können mehr und mehr Aktivitäten akribisch erfaßt und protokolliert werden. Auf dem Wege der Verknüpfung von Datenträgern ließe sich, zum Beispiel mit der zentralen Verkehrsdatei Zevis in Flensburg, jeder mißliebige Bürger, ob einer Straftat verdächtig oder nicht, auf Schritt und Tritt verfolgen.

»Ich sehe die Gefahr, daß hier eine umfassende Datensammlung über politisch aktive Bürger entstehen könnte«,[12] fürchtet der hessische Datenschutz-Beauftragte, Spiros Simitis. Nach der Entscheidung zur Volkszählung müßte das Bundesverfassungsgericht eigentlich auch die Einführung des neuen Ausweises verbieten, zumal die Buchstaben und Zahlen in der sogenannten Lesezone der Plastikkarte denselben Wert haben wie ein zwölfstelliges Personenkennzeichen, das der Bundestag 1976 auf Grund von Verfassungsbedenken verwarf. Die Abgeordneten trugen seinerzeit der sogenannten Mikrozensus-Entscheidung des Karlsruher Gerichts Rechnung, das es 1969 als grundgesetzwidrig bezeichnet hatte, Menschen zwangsweise in ihrer kompletten Persönlichkeit zu registrieren und zu katalogisieren.

Bundesinnenminister Friedrich Zimmermann hat, kaum überraschend, eine sehr positive Einstellung zum fälschungssicheren Ausweis, den er für einen wichtigen Beitrag zur Verbrechensbekämpfung hält. Wer gegen die neue Kennkarte argumentiere, müsse wissen, »daß er hier zur Förderung der Kriminalität und nicht zum Schutze des Bürgers beiträgt«.[8]

Mit dem Schutze des Bürgers läßt sich vortrefflich jede Maßnahme zur Aushorchung begründen, auch wenn sie so erkennbar gegen die Prinzipien des liberalen Rechtsstaats verstößt wie der Plastikausweis. Zudem kann die Kennkarte Fälschungen erschweren, sicherlich aber nicht verhindern; und Terroristen werden ohnedies weiterhin ausländische Pässe benutzen, denn kein anderes Land führt vergleichbare Ausweise ein. Der Verfassungsschützer Christian Lochte, CDU-Mitglied und von daher unverdächtig, dem CSU-Minister grundsätzlich konträre Positionen gegenüberstellen zu wollen, hält den fälschungssicheren Ausweis gar für unsinnig:

»Selbst wenn, was ich nicht glaube, in der Terroristenbekämpfung ein geringer Vorteil damit verbunden wäre, ist es jenseits aller Verhältnismäßigkeit, wenn der Staat 30 Millionen Bürger mit einem neuen Ausweissystem überzieht, nur weil er maximal 30 Terroristen sucht. ... Was soll eigentlich ein solcher computerlesbarer Ausweis? Wenn sich die Regierung dem Verdacht erst gar nicht aussetzen will, daß sie die totale Kontrolle anstrebt, dann sollte sie diese Möglichkeit gar nicht erst einführen.«[6]

Erfaßt und verdatet werden auch Personen, die gar nicht verdächtig sein können, Schwerverbrechen zu begehen. In der Personenauskunftei »Straftaten/Straftäter« des baden-württembergischen Landeskriminalamtes sind Angaben von jedem zehnten Bürger des Landes gespeichert, darunter die Personalien von 3500 Prostituierten. 600 dieser Frauen wurden vorsorglich registriert – sie kamen mit dem Gesetz noch nie in Konflikt. Außerdem sollen in die Datensammlung demnächst auch polizeibekannte Rocker aufgenommen werden.

In Baden-Württemberg auch wurde jahrelang ein akribisches EDV-Register mit Namen, Adressen und weiteren zwölf Einzeldaten über alle in den neun psychiatrischen Landeskrankenhäusern des Landes behandelten Patienten – alles in allem rund 100000 Personen – gespeichert. Und in Mannheim registrierte das »Zentralinstitut für seelische Gesundheit« seit 1973 jeden Kontakt psychisch kranker Menschen mit Kliniken, Ärzten, Gesundheitsämtern oder Heileinrichtungen – ohne Wissen und Zustimmung der Betroffenen.

Baden-Württemberg ist sicherlich keine unrühmliche Ausnahme, sondern eher die Regel. Daß viele Verstöße gegen das Datenschutzgesetz aus dem Musterländle bekannt wurden, hängt eher mit den regen Aktivitäten der dortigen Datenschutz-Beauftragten, Ruth Leuze, zusammen.

Offensichtlich in allen Bundesländern füttert die Polizei ihre Datenbänke mit personenbezogenen Angaben über Selbstmordgefährdete. Die Angaben stammen entweder aus Patienten-Dateien oder werden von den Polizeidienststellen durch Mithören des Notarztfunks gesammelt. In beiden Fällen wird die ärztliche Schweigepflicht unterlaufen. Begründung für die Erfassung: Hinter dem Suizidversuch könnte ein Fremdverschulden stecken, und das gehe mithin die Polizei im Rahmen der Verbrechensbekämpfung etwas an. Diese beruft sich dabei auf eine 1981 von den Länder-Innenministern verabschiedete »Richtlinie für die Führung kriminalpolizeilicher personenbezogener Sammlungen«, in der nötigenfalls alle Personen geführt werden dürfen...

»... wenn zureichende tatsächliche Anhaltspunkte die Annahme rechtfertigen, daß dies zur Aufklärung oder vorbeugenden Bekämpfung schwerwiegender Straftaten, zur Ergreifung von zur Festnahme gesuchten Personen oder zur Abwehr einer im einzelnen Fall bestehenden erheblichen Gefahr erforderlich ist.«[13]

Eine sehr dehnbare Klausel. Da auch das Datensystem Inpol ein Sichtfeld aufweist, das Suizidversuche signalisiert, ist davon auszugehen, daß unter den in der EDV gespeicherten Personen auch alle bekannt gewordenen Selbstmordgefährdeten erfaßt sind.

Fast noch sensibler ist der Bereich der Datensammlungen im Bereich der Sozial- und Krankenversicherungen, weil diese unter Umständen mit den polizeilichen Dateien oder jenen des Verfassungsschutzes kurzgeschaltet werden könnten. In den Datenbanken der Sozialversicherungen sind Informationen über nahezu alle Bundesbürger gespeichert, nicht nur Namen und Anschriften, sondern u. a. auch über medizinische Diagnosen, Beschäftigung, Verdienst, ob und wie lange Sozialhilfe- oder Arbeitslosengeld-Empfänger, über Unterhaltsleistungen, Kuren, Drogenberatungen, Schwangerschaftsabbrüche. Dermaßen detaillierte Intimkenntnisse über beinahe jeden Bundesdeutschen, akkurat beschrieben und stets auf dem neuesten Erkenntnisstand, muß das Interesse auch Unbefugter wekken. Die Zuverlässigkeit der Angaben macht derlei Daten auch für Fahnder und Staatsschützer begehrlich.

»Das Meldesystem der Sozialversicherung ist insgesamt aktueller und vollständiger als die Register der Einwohnermeldeämter; viele versäumen den Gang zur örtlichen Meldebehörde, aber die Sozialversicherung erfaßt sie regelmäßig doch. ... Der genaue Umfang des Datenaustausches zwischen Stellen der Sozialverwaltung und anderen Behörden läßt sich nicht feststellen.«[5]

So der ehemalige Bundesbeauftragte für den Datenschutz, Hans-Peter Bull. Er weiß sicher, daß im Rahmen der Terroristenfahndung ...

»... Magnetbänder mit mehreren tausend Namen von der Polizei übermittelt und mit Daten der Sozialversicherung verglichen wurden.«[5]

Zwar ist der Datenschutz im Bereich der Sozialversicherung seit Anfang 1981 strenger geregelt, Schlupflöcher gibt es dennoch für Interessenten noch genügend. Eine direkte Verknüpfung *on-line* mit den Datenbanken der Polizei und des Verfassungsschutzes ist nun nicht mehr möglich; auch Rasterfahndungen bei Sozialversicherten deckt das Gesetz nicht. Das Durchrastern anonymer Daten ist dagegen nicht verboten. Die Suche nach in Sozialdateien gespeicherten Personen, die die gleichen Merkmale aufweisen wie Straftäter, ist ebenfalls nicht eingeschränkt. Amtshilfe im Einzelfall gilt ohnehin als selbstverständlich. Wer bei Polizei und Verfassungsschutz als verdächtig gilt, ob zu Recht oder Unrecht, kann auf keinen Schutz seiner Sozialdaten hoffen.

»Die Offenbarung gegenüber dem Verfassungschutz ist an strenge Bedingungen geknüpft und nur im Einzelfall erlaubt. ... Geregelt werden die Offenbarung im Rahmen der Amtshilfe gegenüber Behörden und Gerichten, ... für die Erfüllung besonderer gesetzlicher Mitteilungspflichten, zur Durchführung eines Strafverfahrens, bei Verletzung der Unterhaltspflicht und beim Versorgungsausgleich. ... Diese Regelung berücksichtigt angemessen die Gliederung unseres sozialen Leistungssystems, ... aber auch die Tatsache, daß die bei einem Leistungsträger von rechtserheblicher Bedeutung sein können. Die ordnungsgemäße und reibungslose Zusammenarbeit untereinander kann auch nur im Interesse des Betroffenen liegen, damit ihm mehrfache Mitwirkung oder Untersuchung erspart bleibt.«[14]

Soweit Werner Stork, Datenschutz-Beauftragter der Deutschen Angestellten-Krankenkasse. Das klingt plausibel und ist gleichwohl nicht unbedenklich. Denn wer ist befugt, wer ist unbefugt? Darf einer Lebensversicherung Auskunft über den Gesundheitszustand eines Neuversicherten gegeben werden, wenn die Sozialdaten Angaben über chronische Erkrankungen machen, zum Beispiel Krebs, die bei einer Routineuntersuchung nicht zu erkennen sind? Dürfen Anfragen von Firmen, unter dem Etikett betriebsärztlicher Abteilungen, beantwortet werden? Dazu Werner Stork: »Mangelt es an einer gesetzlichen Offenbarungsbefugnis, ist die Voraussetzung für eine Weitergabe von Daten ausschließlich die Einwilligung des Betroffenen selbst.«[14]

Doch auch die Zustimmung des Betroffenen, seine Daten weiterzugeben, verschiebt das Problem nur, kann es aber im Kern nicht lösen. Die Personalabteilung des Kölner Maschinenbaukonzerns Klöckner-Humboldt-Deutz zum Beispiel verlangt von Mitarbeitern, die infolge Krankheit längere Zeit ausfallen, eine Einwilligungserklärung, daß die Firma Daten von den Krankenkassen abrufen darf. Wer sich dem Begehren widersetzt, muß mit Nachteilen rechnen: »Sollten Sie unserem Wunsch nicht entsprechen, so ginge dies zu Ihren Lasten.«[15]

Überall protestieren Betriebsräte gegen die zunehmende Verdatung in den großen Firmen. Ihre Hauptsorge, es werde Jagd auf kranke Kollegen gemacht, ist sicherlich nicht unbegründet. Pedatis, das Personalinformationssystem von VW, hortet zum Beispiel alle verfügbaren Daten über 120000 Mitarbeiter, deren Familienangehörige, über ehemalige Mitarbeiter und Rentner – insgesamt sind das 530000 Namen. Gespeichert werden zum Beispiel auch die Häufigkeit von Bildungsurlaub, die Ergebnisse von Vorsorgeuntersuchungen, Gewerkschaftszugehörigkeit, Pfändungsangaben, die Anzahl der Krankheitsfälle sowie eine An- und Abwesenheitsbilanz. Darüber hinaus sind Angaben über die Qualifikation, freiwillige Weiterbildungsmaßnahmen, Fremdsprachenkenntnisse abrufbar. Mit diesen Angaben ergeben sich spezifische Profile für jeden Arbeitnehmer, an denen abzulesen ist, ob der Beschäftigte an seinem momentanen Arbeitsplatz falsch eingesetzt wird und wohin man ihn gegebenenfalls versetzen könnte – oder auch entlassen. Vor Jahren, als es VW schlecht ging, ließ die Personalabteilung die

Namen aller Wehrpflichtigen ausdrucken, die noch nicht gedient hatten. Eine Kopie wanderte an das zuständige Kreiswehrersatzamt, das sich mit einer Vielzahl von Einberufungen bedankte. VW brauchte diese Arbeitnehmer nicht zu entlassen.

Personalinformationssysteme, von denen es bislang schon mehr als 2000 in der Bundesrepublik gibt, schaffen einen elektronisch klassifizierten, vollkommen durchleuchteten Arbeitnehmer. Dem Betriebscomputer bleibt nichts verborgen. Das hat unter den Mitarbeitern eine zusätzliche Wirkung, die gewollt ist und weit über den gläsernen Arbeiter hinausgeht. Es werden psychologische Barrieren geschaffen; der Beschäftigte traut sich nicht mehr, seine Krankheit auszukurieren, wenn er im laufenden Jahr schon mehrere Tage wegen Krankheit gefehlt hat; er fürchtet Nachteile, Repressalien, sorgt sich um seinen Arbeitsplatz. Bei der Frankfurter Hoechst AG werden monatlich jene Arbeiter, die in den zwölf Monaten zuvor überdurchschnittlich häufig wegen Krankheit gefehlt haben, in Listen ausgedruckt und von der Personalabteilung dann gesondert überprüft. Nötigenfalls wird der Mitarbeiter aufgefordert, seinen behandelnden Arzt gegenüber dem Werksarzt von der Schweigepflicht zu entbinden.[16]

Hier wie überall, wo empfindliche Daten von Personen gesammelt, wo die Privatsphären transparent gemacht werden, gilt das Argument der Datensammler, wer nichts zu verbergen habe, habe nichts zu befürchten, könne folglich nicht gegen die Durchleuchtung sein. Es zeigt sich aber, daß die Gewerkschaften sich in diesem Bereich erhebliche Versäumnisse vorzuwerfen haben.

Zwar gibt es seit langem Warner, wie den engagierten Sozialwissenschaftler Günter Friedrichs bei der IG Metall. Seine Befürchtungen wurden indes von den Gewerkschaftsführern bislang weitgehend überhört. Friedrichs schreibt:

»Es grassiert schiere Angst vor Verhaltenskontrollen durch computergestützte Personalinformationssysteme. Die Arbeitgeber bestreiten zwar, daß Computer für Verhaltens- und Arbeitskontrollen benutzt werden. Gleichzeitig verweigern sie den Abschluß von geeigneten Regelungen durch Betriebsvereinbarung oder Tarifvertrag. Die technische Möglichkeit, mit personenbezogenen Daten aus Individuen gläserne Menschen zu machen, ist unbestritten. Gelegentlich wurden Arbeitgeber auf frischer Tat erwischt. Die Kontrollen beziehen sich auf Fehlzeiten von Maschinen, Ausschuß, Dauer und Art von Telefongesprächen, Dauer von Toilettenpausen oder Abwesenheit vom Arbeitsplatz aus anderen Gründen, Zahl der Anschläge oder Korrekturen oder ähnliches. Allein das Wissen um die Möglichkeit solcher Leistungs- und Verhaltenskontrollen erzeugt in den Betrieben zusätzlichen Leistungsdruck.«[17]

Die Gewerkschaften sind in einer mißlichen Lage. Einerseits fühlen sie sich jenen Kollegen verpflichtet, die Personalinformationssysteme als »elektronische Hundemarken« grundsätzlich ablehnen, andererseits bedienen sie sich selbst solcher Datensysteme. Angeschlossen an das weit verbreitete Personal-Abrechnungs- und Informationssystem (Paisy) sind nicht nur große Firmen wie AEG, Deutsche Bank oder ZDF, sondern auch die Deutsche Angestellten-Gewerkschaft, die ÖTV sowie die Einzelgewerkschaften Bau-Steine-Erden, Handel, Banken und Versicherungen, Nahrung-Genuß-Gaststätten, Druck und Papier, Erziehung und Wissenschaft.

Und die IG Metall erfährt über das Personalsystem sogar die Gehaltshöhe ihrer 2,6 Millionen Mitglieder. Da jeder Gewerkschafter ein Prozent seines Bruttolohns abführen muß, sind Mogeleien demnach nicht mehr möglich.

Sicherheit und Anonymität scheinen unlösbare Widersprüche im deutschen Rechtsstaat geworden; sie kollidieren in den verschiedensten Bereichen. Seit das Wort des Generalbundesanwaltes Kurt Rebmann gilt, Sicherheit gehe vor Datenschutz – nicht umgekehrt, hat die Privatsphäre sich unterzuordnen. Wer heute im militärischen, politischen oder großtechnologischen Bereich arbeitet, ist zuvor gründlich durchleuchtet worden. Und mit ihm meist seine Familie, seine Angehörigen. Die Unbekümmertheit, mit der staatliche Instanzen seit den siebziger Jahren Regelanfragen beim Verfassungsschutz tätigen, bevor jemand in den öffentlichen Dienst gelangen kann, die Unverfrorenheit, mit der politisch unliebsame (in der Regel linke) Anwärter auf einen Staatsjob mit Berufsverbot belegt werden, als sei diese Demokratie zu zerbrechlich, um sich inhaltlich mit anderen Ideologien auseinanderzusetzen – dies alles hat die Sensibilitätsschwelle deutlich ansteigen lassen.

Mehr als drei Millionen Bewerber waren seit Bestehen des Radikalenerlasses 1972 einem totalen Zugriff auf ihre Persönlichkeit ausgeliefert; in über 25000 Fällen führte die Klärung zu

»Erkenntnissen«, über 1000 Bewerber wurden mit einem Berufsverbot belegt.

Voyeure für den Rechtsstaat

Mit den technischen Fähigkeiten wachsen auch die Anwendungsmöglichkeiten. Keine Bank, kein Bürohaus, kein Flughafen, der heute noch ohne Sicherheitseinrichtungen, ohne elektronische Überprüfung glaubt, existieren zu können, als sei die Sicherheit permanent in Gefahr. Viele der Kontrollmaßnahmen stammen aus der Zeit des Terrorismus, Mitte der siebziger Jahre. Doch seit einem halben Jahrzehnt hat es keine anarchistische Gewalttat mehr gegeben. Gleichwohl werden Sicherheits-Bürokratien, wenn einmal existent, nicht wieder abgebaut, obwohl die Gefahr offensichtlich geringer geworden ist.

Kurzum: Wer heute am öffentlichen Leben teilnehmen will, muß seine Privatsphäre mit Verlassen der Haustür, und manchmal auch davor, zurücklassen. Wir werden überwacht. Und kaum jemand nimmt dies zur Kenntnis. Jeder Supermarkt, jedes Warenhaus sichert sich heute mit Videoanlagen gegen Diebstahl. Wenn wir vor den Regalen stehen und unsere Auswahl treffen, wenn wir vielleicht zögern – hinter den Monitoren in abgedunkelten Räumen sieht man uns zu. Wenn wir eine Bank betreten, ein Krankenhaus, ein großes Hotel, stets wird jeder Schritt registriert und beurteilt. Wer etwas Ungewöhnliches tut, etwas Außerplanmäßiges, Unnormales, läuft Gefahr, daß postwendend Sicherheitskräfte anrücken, um nach dem Rechten zu sehen und gegebenenfalls die Personalien zu überprüfen. Wer *hinter* den Fernsehschirmen sitzt, bleibt uns verborgen, ebenso die Frage unbeantwortet, ob diese Voyeure ihre Tätigkeit gelangweilt ausüben oder sich noch amüsieren, wenn sie einen Mitmenschen beim Nasenbohren erwischen. Wie schnell läßt der Reiz, läßt die Neugier nach, anderen Menschen unbeobachtet nachspionieren zu können, ihnen ungestört auf die Finger zu schauen, auf die Kleidung – und vielleicht auch darunter?

Längst nicht mehr beschränkt sich die Videoüberwachung auf Warenhäuser. Über Straßen, Plätze, Freiflächen und auf U-Bahn-

Stationen hat sich in den letzten Jahren ein dichtes Netz elektronischer Augen gelegt. Überall geht es um die Sicherheit, die Sicherheit vor Randalierern und Pennern auf dem Untergrundbahnhof, die Sicherheit vor Dieben und Dirnen, die Sicherheit vor Terroristen, die Sicherheit kurzum, daß normale Funktionsabläufe nicht in irgendeiner Form gestört, beeinträchtigt werden. Das Interesse an Sicherheit wandele sich bei der Polizei zu einem Interesse an sozialer Kontrolle, glaubt der Karlsruher Jurist Eckart Riehle:

»Sicherheitsprobleme definieren sich nicht mehr in bezug auf die Legalordnung, vielmehr am Leitfaden von Störungen der sozialen Praxis. ... Das liefe auf die Etablierung einer im Vorfeld des Verdachts tätigen Polizei hinaus, also einer Polizei im Vorfeld des Rechts, deren Kontrolltätigkeit auf die Überwachung der Legalität und der Normtreue des Bürgers bezogen wäre.«[18]

Im Rahmen der Datenkontrolle und Videoüberwachung ist die Polizei längst in diesem Vorfeld des Verdachts tätig, ohne Rücksicht auf Persönlichkeitsrechte. Im November 1981 wurden alle Kameras der Wiesbadener Stadtwerke, die von der Bundespost ausschließlich für die Verkehrsüberwachung genehmigt wurden, im Rahmen der Observierung von 120000 Demonstranten eingesetzt, die gegen den Bau der Startbahn West protestierten und friedlich durch die Stadt zogen. Die genehmigte Demonstration wurde darüber hinaus mit Hilfe von Spezialkameras des Bundeskriminalamtes überwacht, deren Zoom-Objektive Portraitaufnahmen der Demonstranten ermöglichen. Der gesamte Ablauf der Demonstration wurde im Wiesbadener Polizeipräsidium auf Magnetbändern gespeichert – zur späteren Auswertung. Totalüberwachung in Perfektion, gegen Bürger, die nur von ihrem Recht auf Versammlungsfreiheit Gebrauch machen.

Wo Menschenansammlungen die Video-Ausbeute lohnend erscheinen lassen, installiert das Bundeskriminalamt Geheimkameras – ohne Genehmigung, im Vorfeld des Rechts. Nichts Anonymes bleibt anonym, nichts Privates privat. Wer in den Blickwinkel der unsichtbaren Kontrolleure kommt, wird rücksichtslos observiert. Auf der unterirdischen Ebene des Frankfurter Hauptbahnhofs wurden 1981 mit einer Geheimkamera wahllos Passanten gefilmt, registriert und überprüft, Tausende unverdächtiger, zufällig vorbeigehender Personen – auf der Suche nach Verhaltensmustern und

Verhaltensformen, die von Anarchisten bekannt sind. Öffentlich wurden diese Fälle durch den ehemaligen Mitarbeiter des Bundeskriminalamtes, Bernd Rainer Schmidt, der im BKA für die gesamte Videoplanung zuständig war. Schmidt legte dar, daß bei der Observierung der Wohnsitze des US-Generals Frederick J. Kroesen in Heidelberg Tausende von Spuren gänzlich unbeteiligter Bürger überprüft wurden, daß das Bundeskriminalamt tief in die Privatsphäre von Personen eindrang, die in der Nachbarschaft des Generals wohnten. Einmal brachte sich ein für die Observanten unbekannter Mann in persönliche Gefahr, als er erst das Gebäude prüfte und dann auf den Eingang zumarschierte. Aber es war kein Terrorist, nur der Schornsteinfeger.

Zu dem Anschlag auf den prominenten Amerikaner, den die »Aktion Paddy« verhindern sollte, kam es am 15. September 1981, als das gepanzerte Dienstfahrzeug des Generals auf dem Weg ins amerikanische Hauptquartier von einer Panzerfaust getroffen wurde – glücklicherweise, ohne einen der Insassen zu verletzen. Der Terroranschlag fand 800 Meter außerhalb der Observierungszone statt. Für den BKA-Techniker Schmidt war die gigantische Observierungsmaschinerie einer der Gründe, den Dienst zu quittieren:

»Ich habe allmählich mitgekriegt, daß es nicht nur um den Schutz der Generäle ging. Mein Wissen wurde mißbraucht. Die von mir aufgebaute Technik wurde das Instrument für einen Überwachungsapparat, dem keine Grenzen mehr gesetzt sind. Als ich sah, welche sozialpolitischen Dimensionen das annimmt, konnte ich einfach nicht länger mitmachen.«[19]

In Hamburg dokumentierte die Polizei Verstöße gegen die Sperrbezirksverordnung mit versteckter Kamera. Wer viermal ins Visier geriet, bekam die Lizenz entzogen. Bei der nächtlichen Bespitzelung wurden freilich nicht nur die Damen des Gewerbes, sondern auch deren Kunden auf dem Magnetband gespeichert.

In Firmen mit großen Lagern ist es üblich, nach der Nachtschicht die Video-Aufzeichnungen im Schnelldurchlauf oder stichprobenweise daraufhin zu prüfen, ob irgend jemand die Bestände unerlaubt reduziert hat. Oftmals haben sich die Mitarbeiter mit dieser Überwachung in einer Betriebsvereinbarung einverstanden erklärt. Wo der Betriebsrat Widerstände leistet, wird mit versteckter Kamera gearbeitet.

Bei der Videoüberwachung hat der Bürger kaum eine Möglichkeit, gegen den Primat von Sicherheit und Ordnung vorzugehen. Die Verletzung des Privatbereiches wiegt nach Meinung der Observierenden immer weniger schwer. Unter Datenschutzgesichtspunkten bestände überhaupt nur dann eine Möglichkeit zur juristischen Intervention, wenn das aufgenommene Material gespeichert würde.

Das ist er also, unser liberaler Rechtsstaat, der freiheitlichste auf deutschem Boden, den wir je hatten. Er greift in eine unüberschaubare Zahl von Privatsphären ein, verletzt fast nach Belieben das Post- und Fernmeldegeheimnis, ignoriert hundert -oder gar tausendfach im Jahr Persönlichkeitsrecht. Und dies alles mit der Begründung, es müsse die letzte terroristische Wurzel ausgemerzt, ein Endsieg über das Verbrechen schlechthin erzielt werden.

»Wir überziehen die Bundesrepublik mit einem riesigen Schleppnetz. Irgend etwas wird schon in den Maschen hängenbleiben«,[20] versprach Horst Herold, dem wir die Computer-Tyrannei, die elektronische Bespitzelung verdanken.

»Meine Hoffnung gilt dem Computer als einem gesamtgesellschaftlichen Diagnoseinstrument. ... Man muß einen lebenswerten Staat schaffen. Einen Staat der Bürger – einen transparenten Staat. ... Ich sehe die Hauptaufgabe des Bundeskriminalamtes darin, das in riesigen Mengen gehäufte Tatsachenmaterial zu allen abseitigen, abweichenden Verhaltensweisen in der Gesellschaft forschend zu durchdringen, um ... Instrumente bereitzustellen, die Kriminalität verhindern.«[20]

Seiner Vision eines »Sonnenstaates«, einer Gesellschaft ohne Verbrechen und Kriminalität, werden die elementarsten Bürgerrechte geopfert. Dem vermeintlich höheren Ziel verpflichtet, wurde die Kluft zwischen Grundgesetz und Verfassungswirklichkeit ständig verbreitert, wurde Mißtrauen, Unsicherheit, Duckmäuserei, Anpassung gesät. Und der Apparat fährt fort, das politische Klima zu vergiften. Die heute gültigen politischen Werte und Ideale sind von Sicherheit und Ordnung geprägt, *ihrer* Ordnung, *ihrer* Sicherheit, aber nicht der des liberalen Rechtsstaates, den die Väter des Grundgesetzes im Auge hatten. Und der neue Dienstherr im Bundeskriminalamt, Heinrich Boge, setzt die Politik der Normierung seines Vorgängers fort.

»Ich versuche, den Normen gerecht zu werden, die vorgegeben sind. Wenn diese Werte und die Rechtsordnung nicht mehr allgemein anerkannt werden, sondern einzelne Gruppen innerhalb unserer Gesellschaft ... eigene Wertvorstellungen entwickeln, ... dann haben wir ... eine Veränderung ..., die ich nicht akzeptieren kann. Darin sehe ich eine Ursache für den Kriminalitätsanstieg.«[21]

Der entscheidende Schritt zur umfassenden Überwachung aller Bundesbürger wird gerade vorbereitet. Die Nation wird verkabelt. Damit wäre dann jeder Haushalt automatisch an ein gigantisches elektronisches Netz angebunden. Wer dann über das Kabel nicht nur diverse Fernsehprogramme, Informationen oder seine Bankauszüge abruft, sondern seinerseits Dienste in Anspruch nimmt, zum Beispiel die Fernbestellung von Waren aller Art, hinterläßt unvermeidlich Spuren über seine Gewohnheiten. Dies wäre geradezu ein ideales Feld für Rasterfahndungen, die von bestimmten Verbrauchsprofilen ausgehen. Zu Herolds transparenter Gesellschaft könnte das notorische Interesse der Überwacher passen, alles über alle zu erfahren und zu speichern. Welche Bücher liest der Bundesbürger gerade, welche Informationen ruft er aus dem Videotext-Angebot ab, welche Reisen bucht er, wie ist sein Konto belastet? Dies wüßten auch die Fahnder gerne. Neugier ist Dienstverpflichtung.

»Die Einführung dieser Medien wird zur Anlegung umfangreicher Sammlungen personenbezogener Daten führen, ... die auch für die öffentliche Verwaltung und Politik ... vor allem für die Polizei und die Nachrichtendienste von Bedeutung sein werden. ... Das Überwachungspotential würde ausgedehnt. Zumindest in einem späteren Zeitpunkt würde eine völlige Verhaltenskontrolle ermöglicht.«[22]

So die Befürchtung der Datenschützerin Ruth Leuze. Ihre Sorge wird von vielen Wissenschaftlern geteilt. Auch einigen Politikern. Sie alle ängstigt der Gedanke, daß erstmals in der Geschichte der Menschheit eine totale Kontrolle des Menschen technisch möglich sein wird. Es gehört nicht viel Phantasie dazu, eine völlige Versklavung des menschlichen Verhaltens vorherzusagen, eine Anpassung an Normen, eine permanente Angst vor dem eigenen Daten-Schatten. Das wäre dann eine Gesellschaft ohne Kriminelle und Verbrecher. Das wäre allerdings keine pluralistische Gesellschaft mehr, das wäre eine Gesellschaft der Personalkennziffern. Freiheit kehrte sich um in Sklaverei.

Manipulation ist Hoffnung

»Jeder hat das Recht auf Leben und körperliche Unversehrtheit.«

(Grundgesetz, Artikel 2/2)

»Die Unverletzlichkeit des Gehirns ist genauso eine gesellschaftliche Errungenschaft wie die Freikörperkultur.«

(José M. Delgado,
spanischer Hirnforscher)

Gewalt auf dem Operationstisch

Der Fall ist Legende. Er hat die Medizin nachhaltig in Mißkredit gebracht und war der Auftakt für die chirurgische Behandlung abweichenden Verhaltens, für die Umpolung von Menschen als Mittel sozialer Kontrolle.

Im Jahre 1967 operierte ein Team aus Neurochirurgen und Psychiatern am Boston City Hospital den Ingenieur Thomas R. Dieser galt als unberechenbar, aggressiv, gewalttätig, und nach Meinung seiner Ärzte auch als unverbesserlich. Sie nannten ihn therapieresistent.

Thomas R. hatte mehrere Jahre lang als Ingenieur in der Forschungsabteilung von Polaroid gearbeitet. Zwar litt er an einer schwachen Form von Epilepsie, konnte seine Anfälle aber mit medikamentöser Hilfe wirksam kontrollieren. Im damaligen Krankenblatt stand:

»Er hatte niemals irgendwelche Schwierigkeiten am Arbeitsplatz oder anderswo wegen aggressiven Verhaltens, er war nie im Gefängnis oder in einer Heilanstalt.«[1]

1965 veranlaßten Eheprobleme Thomas R., einen Psychiater zu konsultieren. Dieser diagnostizierte eine Depression, »leichte Probleme ohne psychotische Symptomatologie«.

Der Grund: Seine Frau ging mit dem Nachbarn fremd und prahlte damit auch noch in aller Öffentlichkeit. Sein Frust entlud sich heftig. Wenn er mit seiner Frau stritt, warf er mit Gegenständen nach ihr, verletzte sie aber niemals.

Die Psychiater Vernon Mark und Frank Ervin, an die Thomas R. verwiesen wurde, hielten seine Wutanfälle für epileptische Ausbrüche. Zwischen März und September 1966 verbrachte Thomas längere Zeit in der Klinik. Zu Diagnosezwecken wurden ihm Elektroden eingepflanzt. Unter lokaler Betäubung führten die Operateure dünne Sonden ins Gehirn, um jenes Areal, tief im Hirninnern, das sie für die vermeintliche Gehirnerkrankung verantwortlich machten, zu überwachen. Thomas R. akzeptierte die Methode, wenn auch nur widerwillig. Er sah die Notwendigkeit nicht ein, bezeichnete sich in Briefen an seine Mutter als das Versuchsobjekt einer »Science-fiction-Forschung«. Einmal flüchtete er aus der Klinik.

Mit einer Ausschaltung des besagten Gehirnzentrums war Thomas nicht einverstanden.

»Die Vorstellung, der mittlere Teil seines Schläfenlappenhirns müsse zerstört werden ... stürzte ihn in wilde Angst, sein Denken verwirrte sich. Er lehnte jede weitere Behandlung ab.«[2]

Dies schrieben die Operateure Mark, Ervin und Sweet einige Jahre später in einer Aufarbeitung des Falls. Sie machten in ihren Darlegungen die »außerordentliche Verantwortung« des Arztes deutlich, der die Rechte des Patienten wahren und eine freie und informierte Zustimmung zur Behandlung sicherstellen müsse – in einer Fußnote.

Mit Schwachstrom reizten die Chirurgen in den darauffolgenden Wochen die ausgewählten Gehirnregionen ihres Patienten. Als die Reizwirkung nachließ, sei Thomas R. wieder rabiat geworden, erinnerten sich Mark und Ervin. William Sweet schrieb:

»Schließlich stimmte Thomas R. zu, als er unter dem Einfluß der Stimulation stand und sein Verhalten sozial viel annehmbarer war.«[2]

Dann wieder, ohne elektrische Manipulation, weigerte er sich, seine Zustimmung zur Ausschaltung eines Teils seines Gehirns zu geben. Schließlich überredete ihn das Team endgültig, machte ihm deutlich, daß auch seine Weigerung Teil seiner Krankheit sei. Die Operation konnte durchgeführt werden.

Durch die Elektrode wurde ein stärkerer Strom geschickt, ließ die Nervenzellen schmelzen. Das Zielareal, der sogenannte Mandelkern, wurde koaguliert, ausgelöscht. Unwiderbringlich. In beiden Gehirnhälften. Den Mandelkern hielt das Bostoner Team für den Sitz der Gewalt. Wer dies Zentrum zerstört, so ihre These, zerstört die Aggressivität im Kopf.

Bis zu jenem Zeitpunkt hatten Hirnforscher solche Versuche nur an Affen gewagt. Die Tiere waren hernach zwar nicht mehr aggressiv, dafür isolierten sie sich von ihren Artgenossen, zeigten eine Abstumpfung der Sinne, Hypersexualität und einen verstärkten Eßtrieb.

Thomas R. zog, nachdem er entlassen worden war, zu seiner Mutter nach Kalifornien, wo er eine Zeitlang lebte. Seine Frau hatte längst die Scheidung eingereicht. Er hat nie wieder versucht, einen Beruf zu ergreifen. Er isolierte sich, stumpfte ab. Monate später griff ihn die Polizei als Landstreicher auf, inhaftierte, untersuchte ihn, ließ ihn in eine Anstalt einweisen. In einer psychiatrischen Klinik wurde er entmündigt. Der Psychiater Peter Breggin, der den Fall Thomas R. Jahre später recherchierte, fand heraus:

»Genau wie in der Vergangenheit war er auch während dieses Klinikaufenthaltes nur mit Zeitungen, Beuteln, Büchern und anderen Dingen auf dem Kopf zu sehen, die ihn vor weiteren Operationen schützen sollten.«[3]

Thomas war lammfromm geworden. Wie die Affen. Ein entschärfter Gewalttäter? Seine Mutter, gesetzlicher Vormund, schrieb 1973:

»Thomas ist heute geistesgestört und unfähig, seine persönlichen Angelegenheiten zu regeln. Bis zum heutigen Tag ist nicht die geringste Besserung eingetreten. Thomas ist dauergeschädigt und geschäftsunfähig ... und er ist für immer der Möglichkeit und Fähigkeit beraubt, Geld zu verdienen und zu arbeiten.«[3]

Wenige Monate nach der unter fragwürdigen Umständen zustande gekommenen Operation schrieben die Operateure einen Brief an die Herausgeber des renommierten Medizinblatts *Journal of the American Medical Association.* Sie bekundeten, die Hirnchirurgie als Mittel gesellschaftlicher Kontrolle entdeckt zu haben. Wer politische Ziele mit Gewalt durchsetzen wolle, habe einen Hirnschaden, könne mit dem Skalpell entschärft werden. Gehirnoperationen gegen Negeraufstände? Die radikale und höchst wirksame Ausmerzung der Gewalt aus den Köpfen der Rädelsführer? Im Brief heißt es:

»Es ist bekannt, daß Armut, Arbeitslosigkeit, Elendsquartiere und Bildungsmangel die Ursachen der Krawalle in den amerikanischen Großstädten sind. Die Offensichtlichkeit dieses Zusammenhanges läßt uns jedoch andere mögliche, allerdings weniger deutlich zutage liegende Faktoren übersehen, wie zum Beispiel Gehirnfunktionsstörungen bei den Randalierern, die Brandstiftungen, Heckenschießereien und Überfälle beginnen.

Der akute Mangel an Arbeitsplätzen, Bildungsmöglichkeiten und besseren Wohnungen in den Stadtzentren soll nicht bestritten werden, aber zu glauben, daß allein diese Faktoren verantwortlich seien für die momentanen urbanen Unruhen in den USA, hieße neuere medizinische Forschungsergebnisse über die Ursachen gewalttätigen Verhaltens übersehen, das in der Person der Betreffenden selbst seine Wurzeln hat.

Man muß sich darüber klar sein, daß nur ein geringer Teil der Millionen von Slumbewohnern an den Krawallen teilgenommen und davon wiederum nur ein kleiner Prozentsatz die oben genannten Delikte begangen hat. Sind aber die Ausschreitungen einzig und allein auf die Lebensbedingungen in den Elendsvierteln zurückzuführen – wieso kann dann die große Mehrheit der Slumbewohner den Verlockungen unbeschränkter Gewaltakte widerstehen? Unterscheidet sich der gewalttätige Slumbewohner in irgendeiner Hinsicht von seinem friedlichen Nachbarn?

Wie aus diversen, kürzlich von der Neuro-Research Foundation zusammengestellten Materialien hervorgeht, hat man bei gründlich untersuchten Patienten Gehirnfunktionsstörungen im Zusammenhang mit fokalen Läsionen diagnostiziert, die bei ihren gewalttätigen Akten eine wesentliche Rolle spielten. Anomales Verhalten (wie etwa schlechte Beherrschung der Impulse, Aggressivität und Psychose) wurde sehr viel häufiger bei Personen mit elektroenzephalografischen Anomalitäten in der Stirngegend festgestellt, als bei Personen mit normalen Gehirnwellen.

Andererseits geht aus französischen und südafrikanischen Berichten hervor, daß wegen Mordverdachts Verhaftete sechs- bis neunmal so oft anomale Gehirnwellen zeigten, wie die restliche Bevölkerung.

In einer Gefängnisklinik in den Vereinigten Staaten vorgenommene Tests an kriminellen Psychopathen ergaben ein annähernd gleiches Verhältnis. Die beiden Fachexperten Stafford-Clark und Taylor untersuchten 64 englische Häftlinge, die unter Mordanklage standen, und unterteilten sie in mehrere Gruppen, wobei sich unter anderem ergab: Von elf Tätern, die lediglich in Notwehr oder im Zusammenhang mit einem anderen Verbrechen getötet hatten, zeigte nur ein einziger anomale Gehirnwellen, während von 16 Mördern mit klaren Tatmotiven bei bereits vieren und von 15 Tätern, die keinerlei Gründe zum Morden gehabt hatten, gar bei elf Häftlingen elektroenzephalografische Anomalitäten nachgewiesen werden konnten. Es wäre von großem Interesse, herauszufinden, welcher Prozentsatz von Morden und Mordversuchen während der letzten Aufstände und Krawalle ohne Motive verübt worden ist.

Und schließlich ist es eine Verzerrung der Tatsachen, zu behaupten, daß Großstadt-Randalierer ein Monopol auf Gewalttätigkeit hätten. Diese finden sich in allen sozialen, ethnischen und rassischen Schichten unserer Gesellschaft. Abgesehen von der Notwendigkeit, die sozialen Gegebenheiten zu studieren, die die Atmosphäre für Unruhen entstehen lassen, ist die wirkliche Lehre, die wir aus den Unruhen in den Großstädten ziehen können, daß wir intensive Untersuchungen und klinische Studien über die Personen benötigen, die Gewalttaten verüben. Ziel dieser Studien müßte sein, solche Menschen mit niedriger Widerstandsschwelle gegen Gewalttätigkeit ausfindig zu machen, zu diagnostizieren und zu behandeln, bevor sie zu weiteren Tragödien beitragen.«[4]

Soweit der Aufruf von Mark, Ervin und Sweet vom September 1967. Er kam zur rechten Zeit. Rassenunruhen in den amerikanischen Südstaaten drohten zu einem Bürgerkrieg zu eskalieren. Höchste Ratlosigkeit kennzeichnete die amerikanische Politik. Auch Lee Harvey Oswald hatte seine Frau geschlagen, bevor er den Präsidenten der Vereinigten Staaten (angeblich) erschoß.

Eine Million Dollar stand abrufbereit für ein Programm über die Erforschung der Gewalttätigkeit, aber das Justizministerium hatte noch nicht über die Aufteilung der Gelder entschieden. 350000 Dollar wurden nach Veröffentlichung des Schreibens an das Team in Boston überwiesen. Zusätzlich flossen innerhalb von sechs Monaten über 100000 Dollar aus den Etats diverser Strafvollzugsbehörden und noch einmal eine halbe Million Dollar von der Gesundheitsbehörde auf die Konten des Boston City Hospitals. Erst aufgrund massiver öffentlicher Proteste wurden die Mittel wenige Monate später kleinlaut wieder zurückgezogen.

Gleichwohl waren der Fall Thomas R. und das Schreiben an die Fachzeitschrift Auftakt für eine Vielzahl von Operationen dieser Art. Law-and-Order mit pseudo-humanistischen Idealen bekam Aufwind. Devise: Heilen statt einkerkern!

Schon im Sommer 1968 wurden in kalifornischen Haftanstalten Eingriffe an Gewaltverbrechern vorgenommen. Die Zustimmung der Patienten war kein Problem, weil sich alle Betroffenen von der Operation ihre Freiheit versprachen. Mehr und mehr stieß die Idee, Kriminelle hirnchirurgisch zu behandeln, auf Sympathie unter kalifornischen Justizvollzugsbeamten. Hirnoperateure fanden sich bereit, an einem Programm für Verhaltensschirurgie, gegen Gewaltverbrechen, mitzuwirken. Zum Beispiel der Neurochirurg M. Hunter Brown. Er schrieb 1969:

»Ich hoffe sehr, daß die kalifornischen Behörden jetzt mit diesem Programm anfangen. Wenn es sich einmal in einem US-Staat als erfolgreich erwiesen hat, dürfte es wahrscheinlich im ganzen Land Anklang finden. Personen, die eines Gewaltverbrechens überführt sind, sollte man die Chance einer korrigierenden Operation einräumen. Nach dem Eingriff müßte der Patient drei Monate in der Anstalt bleiben, um zu sehen, ob die Operation erfolgreich war. Ein Bewährungsausschuß müßte ihm danach die Möglichkeit geben, in die Gesellschaft zurückzukehren. Natürlich wäre es notwendig, den Mann weiterhin nachzuuntersuchen, um sicherzugehen, daß seine Neigung zu Gewalttaten nicht zurückkehrt.«[5]

Hunter Brown führt in seinem Plädoyer nicht nur humanistische Gesichtspunkte an, sondern auch ökonomische:

»Jeder junge Gewaltverbrecher, den man zwanzig Jahre einkerkert, kostet die Steuerzahler vielleicht 100000 Dollar. Für annäherend 6000 Dollar kann die Gesellschaft dagegen eine medizinische Behandlung ermöglichen, die ihn in einen rechtschaffenen, verantwortungsvollen Bürger umwandelt.«[5]

Mitte 1971 schlug der damalige Direktor aller kalifornischen Strafvollzugsanstalten, Raymond K. Procunier, ein Programm der Selektion aggressiver Häftlinge vor. Sie sollten sich in der neurochirurgischen Abteilung der University of California in Los Angeles zunächst untersuchen, dann, bei positivem Befund auch gleich operieren lassen. Mit der psychiatrischen Auswahl betreute Procunier einen Fachmann aus Boston: Frank Ervin. Er wurde zum Projektleiter des »Center for the Prevention of Violence« ernannt. Seine Aufgabe: Vorbeugende Bekämpfung der Gewalt – mittels in den Kopf versenkter Elektroden. In dem Gutachten über einen damals von Ervin positiv begutachteten Strafgefangenen heißt es:

»Er ist 25 Jahre alt und macht einen reiferen Eindruck als seine Mitinsassen; er beherrscht Karate und brachte es auch anderen bei; er hat Streiks angeführt und versuchte sogar einmal, im Gefängnis einen Generalstreik zu organisieren; er spricht das, was er denkt, stets offen aus und hat Kontakt mit Anwälten, die ihn ermutigen und ihm Bücher gesellschaftskritischen Inhalts schickten; im Mai 1971 legte er als eine Art politischer Demonstration Feuer im Gefängnis.«[6]

Als die Pläne bekannt wurden, gab es einen Sturm der Entrüstung. Procunier und Ervin mußten den Rückzug antreten. Zu jenem Zeitpunkt waren nach Bekunden des amerikanischen Psychiaters H. Landsdell bereits . . .

».. . einige politische Abweichler, Insassen amerikanischer Gefängnisse, als unheilbar aggressiv, als notorische Gewalttäter mit einer organischen Hirnerkrankung diagnostiziert und einer stereotaktischen Gehirnoperation unterzogen worden.«[7]

Im Sommer 1973 fand das Procunier-Projekt einen neuen Fürsprecher: Ronald Reagan, damals kalifornischer Gouverneur. Er griff die Pläne auf und machte sich für ein entsprechend einzurichtendes Forschungszentrum stark, für das er eine Million Dollar zur Verfügung stellte. Ziel der Bemühungen: Die praktische Entwicklung medizinischer Therapien zur Verminderung lebensbedrohenden Verhaltens. Doch auch Reagan konnte sich mit seinen Vorstellungen gegen den wachsenden öffentlichen Widerstand nicht durchsetzen.

Etwa zur selben Zeit, Anfang der siebziger Jahre, bemühten sich auch in der Bundesrepublik Psychochirurgen, Aggressionstäter mit Hilfe einer Gehirnoperation zu entschärfen, zu resozialisieren. 1971 schrieb der Göttinger Neurologe und Gehirnchirurg Fritz Douglas Roeder:

»Man kann das Gefühl schwer unterdrücken, diese Aggression nicht als ein pathologisches Symptom eines gegenwärtigen Kulturverfalls betrachten zu müssen. Diesen berechtigten Angstträumen der Menschheit steht nun eine sehr wesentliche wissenschaftliche Entwicklung seit dem 2. Weltkrieg gegenüber, die Möglichkeiten zur Entschärfung persönlicher und vielleicht weit darüber hinausgehender, sonst hoffnungsloser Konfliktsituationen in sich trägt. Wie alles Wesentliche sind diese neuen Entwicklungen ganz *unmerklich* verlaufen. Es handelt sich darum, daß die Forschung sich sehr eingehend mit der Hirnphysiologie der Aggression befassen konnte und Methoden gefunden hat, um sie unter Kontrolle zu bringen. . . . Beim Menschen läßt sich eine krankhafte Gewalttätigkeit, die immer wieder zu Verbrechen führt, durch geeignete Hirnoperationen steuern, vielleicht sogar beseitigen. Im Tierversuch führen diese Eingriffe zur . . . milden Gefügsamkeit. Wir greifen hierbei im Mandelkern an. Mit gutem Erfolg ist dies bei Epileptikern oder Schwachsinnigen, die besonders gewalttätig wurden, vor langen Jahren . . . schon durchgeführt worden.«[8]

Der Beitrag Roeders erschien in einer Zeitschrift unter dem Titel »Kriminalität vorbeugen und behandeln«, zu einer Zeit, in der man in der Bundesrepublik nach Terroristen jagte. Gewohnheitsmäßige Gewaltverbrecher vom Schlage der Baader-Meinhof-Leute, die über Jahre hinweg vor keiner Gewalttat zurückschreckten, müßten –

so Roeder damals – unter dem Gesichtspunkt einer operablen Gehirnstörung unter die Lupe genommen werden. Das trug ihm durchaus Sympathie ein. Wenn schon nicht Todesstrafe, nach der Volkes Stimme verlangte, dann doch wenigstens neurologische Kastration. Ausmerzung des Bösen – Hirn verbrannt. Das rechtfertigte Kriegsvokabular, schwere Geschütze: Angriff im Mandelkern. Es galt, das Übel, das Schlechte schlechthin, zu bekämpfen, das »neurophysiologische Substrat der Aggression«, wie Roeder es nannte. Dabei schien es ein humanistisches Weltbild, das ihn leitete: Der Verbrecher ist nicht Täter, sondern Opfer. Gewalt kann entschuldigt werden, weil nicht die Umwelt den Menschen prägt, sondern die Gene, die über das Gehirn herrschen.

»Der Mensch ist trotz seiner einmaligen Hirnentwicklung und Zivilisation keineswegs frei von alten neuralen Aggressionssystemen. . . . Wie bei vielen anderen cerebralen Systemen sind nun Hemmungszentren vorhanden, die die aggressiven Systeme bremsen. Man hat u. a. einen erheblichen Anstieg an Reizbarkeit und aggressivem Verhalten nach Läsionen im Zwischenhirn und der Mandelkernregion beobachten können. Bei Intaktheit dieser Hemmungssysteme kann eine in Gang befindliche Aggression gestoppt werden. Zum Glück für Mensch und Tier sind die meisten Aggressionssysteme des Hirns nicht ständig aktiv. Sie werden wahrscheinlich durch bestimmte Blutzusammensetzungen sensibilisiert und wieder desensibilisiert.«[8]

Das Individuum – Sklave seines Bluts? Roeder beließ es nicht bei der Theorie. Er operierte in seiner Privatpraxis, unter klinisch unakzeptablen Bedingungen. Er operierte aggressive Straftäter, Kinderschänder, Exhibitionisten, Homosexuelle, Süchtige. Im Dezember 1973 behandelte er eine 35jährige Alkoholikerin. Sie stammte aus einem repressiven Elternhaus, wurde aus familiären Gründen zur Trinkerin. In einer Privatklinik gelang es ihr, sich vom Alkohol zu lösen. Aus ihrer Krankenakte:

»Sie war froh, Abstand von ihren Angehörigen zu haben. Sie enthielt sich jeglichen Trinkens, fing es zu Hause aber wieder an. Auch in einer Entziehungsanstalt für weibliche Alkoholiker trank sie nicht, wurde dann aber doch wieder rückfällig.«[9]

Roeder versenkte eine Elektrode in ihrem Kopf, schloß sie an Strom an, löschte Teile des Gehirns aus. Hirnchirurgie als Methode sozialer Anpassung. Nach der Operation schrieb er:

»Das Verhältnis zu ihren Eltern, das bisher durch den rückfälligen Alkoholabusus auf das schwerste belastet war, ist jetzt erfreulicherweise normalisiert und geordnet worden.«[9]

Roeder verglich eine häßliche Blutgeschwulst, die man wegoperieren könne, mit ekelhaften Charakterzügen, die sich chirurgisch auslöschen, korrigieren lassen. Mißbrauch hielt er nie für ein Problem: »Was wir geschaffen haben, ist eine ganz große humanitäre Sache!«[10]

Von den Nebenwirkungen sprach der Neurologe, sprachen seine operierenden Kollegen ungern. Die Hirnverstümmelungen führten in der Regel zur Verhaltensdämpfung, zur Seelenblindheit. Sie allein kann erklären, weshalb Aggressive hernach lammfromm, Triebtäter harmlos, Alkoholiker trocken waren. Sie sanken ab ins Subhumane. Bewegungen und Gedankengänge verlangsamten. Apathie machte sich breit. Gefühle verschwanden, mit ihnen Freude und Leid. Rücksicht, Vorsicht, Einsicht gingen verloren, oft auch das Erinnerungsvermögen. Manche Patienten berichteten übereinstimmend, ihre Sprungfeder sei zerbrochen. Wortwörtlich so. Sie erlebten die Realität nur noch verschwommen. Mitunter wurden zusätzliche Läsionen gesetzt, um möglichen Nebenwirkungen, zum Beispiel Freßsucht, vorzubeugen.

Die meisten mußten ihren Beruf aufgeben. Irrläufer der Gesellschaft wurden zurechtgestutzt zu gesellschaftskonformen Mitmenschen – oder das, was die Operateure darunter verstanden. Heilung war da oft nur ein vordergründiges Motiv. Das subjektive individuelle Leiden schon gar. Denn viele litten nicht an ihrer Krankheit, sondern an den Reaktionen auf ihre Krankheit. Niemand erachtete es für notwendig, die Ursachen des Leidens, der Krankheit, ausfindig zu machen und auszuschalten, statt schwer erziehbare Kinder zu zähmen, Exhibitionisten zu entschärfen und Süchtige zu kurieren, nur weil sie mit ihren Familien, mit ihrer Umwelt, in Konflikt liegen. Viele Patienten waren nicht krank, nur sozial untragbar.

Behandelt wurden auch folgende Indikationen: Nymphomanie, Gewalttätigkeit von Hausfrauen, Depressionen im Klimakterium, Rauchen, Bet- und Spielzwang, Krebs- und Platzangst.

Die Patienten waren Gefangene, Kriminelle, Anstaltsinsassen,

Schwachsinnige, Farbige, Homosexuelle, Arme, Opponierende, Wehrlose. Die größten Patientengruppen, so recherchierte der Psychiater Peter Breggin, bildeten Frauen, Kinder (auch unter fünf Jahren) und Alte (auch über 80 Jahre). Sie alle bekamen die stählerne Kopfzwinge aufgesetzt. Sie alle versprachen sich, nicht mehr unterdrückt zu werden, nicht mehr Minderheit zu sein. Sie alle ließen sich auf die Gehirnoperation ein. Freiwillig?

Jede Beschreibung eines Krankenfalls weist die Formulierung auf, die Operation sei auf ausdrücklichen Wunsch des Patienten durchgeführt worden. Manche klammerten sich an die Gehirnoperation wie an einen Strohhalm. Den meisten Betroffenen haben die Operateure erst beigebracht, welche Vorteile es hat, sich schmerzlos das Gehirn lädieren zu lassen. Die Mediziner wissen, wo sie da ansetzen müssen.

Die Moral der psychischen Folter

»Lust und Schmerz sind die grundlegenden Bezugsgrößen all unserer Versuche, das Gehirn zu manipulieren. Wir tun, was das eine erzeugt, und vermeiden, was das andere erträgt.«[11] Das ist das Credo der Behavioristen, der Schule des legendären Psychologen Burrhus Frederick Skinner. Sie predigen Verhaltensmanipulationen durch Konditionierung, durch Bestrafung und Belohnung. Robert G. Heath, Neuropsychiater in New Orleans, ist ein Anhänger dieser Behandlungsmethodik. Er zerstörte nicht Hirnareale, er reizte sie mit Hilfe einer Vielzahl in den Kopf verpflanzter Platindrähte, stimulierte Lust und Schmerz, Euphorie und Angst. Damit gelang es ihm, auffällige oder kranke Personen zu konditionieren, in Normbürger umzuwandeln. Heath:

»Wenn jemand einem neurotischen Waschzwang unterliegt und wir ihn durch Elektrostimulation des Lustzentrums dazu bringen können, sich in Gegenwart von Dreck sehr wohl zu fühlen, verliert er seinen Waschzwang.«[12]

Heath behandelte auf diese Weise Aggressive und Gewaltverbrecher, spielte ihnen Gewaltszenen auf einem Fernsehgerät vor und ließ sie dazu Schmerz empfinden, Furcht auch. Er zeigte ihnen kleine Kinder und funkte Wohlsein ins Gehirn. Wer das Unangenehme, Abstoßende, Unmoralische künstlich mit Lustgefühlen koppelt, kann auch willfährige Sklaven produzieren. Und auch das tat Robert Heath.

Frank Simmons, 24 Jahre alt, dunkle Hautfarbe, aus den Slumvierteln von New Orleans, war seit fünf Jahren aktiv homosexuell, nahm seit drei Jahren regelmäßig Drogen. Er hatte neurotische Furcht vor Frauen, fand Heath heraus, er war minder begabt, schlug sich mit Gelegenheitsarbeiten durch, mußte als suizidgefährdet eingestuft werden.

Heath operierte. Frank Simmons widersprach nicht. Was hätte ein heruntergekommener farbiger Strichjunge auch tun sollen, als ihm der honorige, weiße Upperclass-Psychiater eine Behandlung anbot? Das Klinikleben als Versuchsperson war allemal besser als zurück in die Slums. 18 Elektroden schob der Neurologe in das Gehirn vor. Ein batteriegetriebener Stimulator, den der Patient am Gürtel trug, funkte auf Kommando Lustimpulse unter die Schädeldecke. Ein anderer Knopf stimulierte Unwohlsein. Lust und Schmerz, Mut und Angst, Gut und Böse aus der Batterie. Robert Heath im Gespräch mit seinem Opfer:

»*Heath:* Was ist das für ein Gefühl, das Sie überkommt, wenn Sie den Knopf drücken?

Simmons: Ein äußerst gutes Gefühl ... so wie man es gern hat!

Heath: Würden Sie es als angenehm beschreiben?

Simmons: Jaaa! (Stöhnt)

Heath: Ich wüßte gerne, was Sie empfinden, wenn Sie sich oder wir Sie stimulieren. Einmal hatten Sie eine Erektion. Sie beschrieben, wie sie sich anbahnte.

Simmons: Es war eine Art Gefühl wie ...

Heath: Was war mit diesem Gefühl? Beschreiben Sie es!

Simmons: Es war ein sehr schönes Gefühl, ganz, ganz herrlich. Ich erreichte einen Höhepunkt.

Heath: Einen Höhepunkt? Einen Orgasmus?

Simmons: Ja, Sir!

Heath: Wie ist es jetzt: Hatten Sie schon einen Orgasmus, oder sind Sie kurz davor, einen zu haben?

Simmons: So, als wäre ich kurz davor, fast am Gipfel der Erregung.

Heath: Fast am Gipfel? Einen kompletten Orgasmus hatten Sie aber bei der Stimulation nie?

Simmons: Nein, Sir!

Heath: Das ist also ein richtiggehend gutes Gefühl, wenn Sie sich stimulieren?

Simmons: Ja, Sir!

Heath: Wie lange dauerte dieses Gefühl des nahenden Orgasmus?

Simmons: Nicht sehr lange...

Heath: Würden Sie den Knopf jetzt gern selbst drücken?

Simmons: Schon, aber ich fürchte, ich würd's zu oft tun!

Heath: Ja?

Simmons: Jaaa (stöhnend), die Stimulation gefällt mir gut, läuft wie geschmiert!

Heath: Ist es so, als wären Sie mit einer Frau zusammen und könnten nicht soweit kommen, wie Sie wollten?

Simmons: Ich glaube schon.

Heath: Hier bei mir kriegen Sie einen Orgasmus mit ein paar Drähten im Gehirn und einem Knopfdruck!

Simmons: (lacht)

Heath: Was passiert, wenn Sie den anderen Knopf drücken?

Simmons: Welchen, diesen hier?

Heath: Ja, drücken Sie den und schauen Sie, was passiert!

Simmons: Diesen hier? (Abneigung in der Stimme)

Heath: Ja, den!

Simmons: Den möchte ich aber nicht drücken, das ist ein übler Nerv!

Heath: Den wollen Sie also nicht drücken?

Simmons: Nein, Sir!

Heath: Warum nicht?

Simmons: Oh, das ist ein mieser Knopf!

Heath: Wenn *ich* ihn jetzt drücke, bringt er kein gutes Gefühl?

Simmons: (stöhnt)

Heath: Drück ich zuviel?

Simmons: (stöhnt) Ich mag das nicht!

Heath: Okay, dann nicht!«[13]

Der Patient als Marionette. Als Sklave einer künstlichen Sexualität. An manchen Tagen hastete Simmons von einem Orgasmus zum nächsten, reizte sich bis zur totalen Erschöpfung, mußte, trotz starken Protests, abgeschaltet werden. Wer, der da von Heilung spricht?

Heath nannte es Heilung. Nach zwei Wochen äußerte sein Patient den Wunsch, Pornofilme über heterosexuellen Geschlechtsverkehr zu sehen. Weitere zwei Wochen später arrangierte Heath ein Treffen mit einer Prostituierten, brachte ihn zu seinem ersten perfekten Liebeserlebnis mit einer Frau. Elektrisch nachgeholfen.

Die amerikanischen Gay-Verbände, denen es gerade erst gelungen war, gleichgeschlechtliche Beziehungen von der Liste der Krankheitszustände zu streichen, verwahrten sich gegen derlei Verletzung des Rechts auf freie Entfaltung der Persönlichkeit. Heath argumentierte, er gedächte nicht, Homosexualität auszurotten, sondern Patienten Hilfe zuteil werden zu lassen, die ihn ausdrücklich darum ersuchten. Auch viele Kollegen kritisierten den Neurologen, legten ihm nahe, mit solchen menschenverachtenden Experimenten aufzuhören. Der vehemente Protest führte dazu, daß Heath und einige seiner Mitarbeiter in den USA fortan im Verborgenen arbeiteten. Sie scheuten die Öffentlichkeit wie der Teufel das Weihwasser. Aber die Untersuchungen gingen offensichtlich weiter. Skrupellos.

1982 nahm der Neurologe Keith Langford an der Universitätsklinik von Birmingham im US-Staat Alabama die Implantation eines Gehirnschrittmachers bei einem depressiven Patienten vor. Der selbstmordgefährdete David Marshall hatte bereits vergeblich Tabletten, Psychotherapie und Elektroschock versucht, hieß es. Seitdem funkt der im Hinterkopf eingepflanzte Sender kontinuierlich schwache Impulse ins Hirninnere. Die depressive Gemütsverfassung sei wie weggeblasen. Heilung oder Manipulation?

Die elektrische Lösung enthebt Patienten und Ärzte jedenfalls der Verpflichtung, der Quelle der Depressivität auf den Grund zu gehen. Und jede Eigenverantwortung ist ausgelöscht. Und weil einfach, wird die Methode Nachahmer haben. Eine bequeme, technoide Entmündigung? Oder nur Medizintechnik im Dienste des Kranken?

Die Gehirnchirurgie wird auch fürderhin, dazu bedarf es keiner Weitsicht, am Erscheinungsbild vermeintlicher Krankheiten blind und ungewiß herumtraktieren, wird abweichendes Verhalten auf kurable Störungen im Gehirn zurückführen. Die Gesellschaft, die einen Großteil dieser Krankheiten verursacht, ist dieselbe Gesellschaft, die Verhaltensoperateure wie Brown, Heath oder Roeder hervorbringt. Nicht mit Elektroschocks, weil zu brutal, bringen sie die Abnormen auf den Pfad der Tugend zurück, sondern mit Elektrostimulation. Das ist subtiler, entspricht dem heutigen Feingefühl.

Es wird argumentiert, daß eine massenhafte Resozialisierung von Verbrechern, Ausrottung von Verhaltensabweichungen, Ausmerzung von Minderheiten mit Psychotechniken gar nicht denkbar, ein flächendeckender Mißbrauch also a priori ausgeschlossen sei.

Dieses Argument ist falsch. Einerseits lehrt die Erfahrung, daß Großprojekte wie jenes, das Ronald Reagan 1973 in Kalifornien plante, gesellschaftspolitisch akzeptabel werden, wenn es eine Veranlassung dafür gibt. In den USA waren es die Rassenkrawalle in den Ghettos, der Aufstand der unterdrückten Minderheiten. Bei uns war es der Terrorismus. Und wenn man Mediziner wie Fritz Douglas Roeder hätte machen lassen, wären wohl alle Terroristen und Verdächtige vorsorglich operiert worden. Auch gegen ihren Willen.

Andererseits ist die Konditionierung von Aggressionstätern bei weitem nicht auf die Technik der Psychochirurgie oder Gehirnreizung beschränkt. Verhaltensmodifikationen durch psychologische oder chemisch-pharmakologische Manipulation nach dem Muster Lohn/Strafe sind weitaus einfacher zu handhaben, setzen keinen technologischen Aufwand, nicht einmal eine Einwilligung des Strafgefangenen voraus.

Die operative Konditionierung ist zwar nach Reagans Rückschlag nicht vollständig ad acta gelegt worden. Der Psychochirurg M. Hunter Brown hat in den letzten Jahren, auch öffentlich, immer wieder für die stereotaktischen Eingriffe bei Gewaltverbrechern plädiert.

Auf der anderen Seite dienen verhaltenspsychologische Projekte, die den Verstärkereffekt der Belohnung nutzen, der gleichen Intention, besitzen den gleichen institutionellen Rahmen.

In den siebziger Jahren wurde in den USA eine Reihe von Verhaltensprogrammen initiiert, mit deren Hilfe nach stalinistischer Manier Gehirne gewaschen werden sollten. Schon 1970 schrieb der amerikanische Psychologe James McConell:

»Ich glaube, wir können heute sensorische Deprivation mittels Lohn und Strafe so miteinander kombinieren, mit Drogen, Hypnose und raffinierter Manipulation, daß wir eine totale Kontrolle über das Verhalten eines Menschen auszuüben vermögen. Damit sollte es aber auch möglich sein, ein einfaches und wirksames Modell der positiven Gehirnwäsche zu entwickeln, das es uns erlaubt, tiefgreifende Veränderungen in Verhalten und Charakter eines Menschen vorzunehmen.«[14]

Die Gefängnispsychologen nutzten dabei die Erfahrungen des Koreakrieges. Damals waren amerikanische Armeeangehörige in nordkoreanischen und chinesischen Lagern umgepolt worden. Sie hatten durch Schmerz und Lust, in richtiger Dosierung, die Ideologie des Feindes adaptiert, wurden zunächst unerbittlich gefoltert und gequält, danach für korrektes Verhalten belohnt.

1972 machte der Psychologe Arnold Hutschnecker, der über exzellente Kontakte zur Nixon-Administration verfügte, den Vorschlag, bereits sechsjährige Kinder, bei denen sich ein Hang zu Gewalt und Kriminalität erkennen lasse, zu selektieren und einer sofortigen Korrektivbehandlung zu unterziehen.

Im selben Jahr wurde im Medical Center in Springfield/Missouri das Projekt »Special Treatment and Rehabilitation Training« (START) in Angriff genommen, das Hutschneckers Idee aufgriff, für erwachsene Häftlinge, aber mit der gleichen Methode wie die Chinesen: Nach einer Phase körperlicher und seelischer Isolation und Demütigung sollten Strafgefangene, die für START ausgewählt und ohne Einwilligung nach Springfield verlegt worden waren, für erwünschtes Verhalten belohnt werden. Zuerst Zerstörung der Individualität, dann Indoktrination.

Im Februar 1973 besuchte der Rechtsanwalt Arpiar Saunders im Auftrage der »American Civil Liberties Union«, die mehrere Hilfeersuchen von am Projekt beteiligten Strafgefangenen erhalten hatte, das medizinische Zentrum. Aus seinem Bericht:

»Bei meinem jüngsten Besuch im Medical Center erfuhr ich zu meinem Entsetzen, daß zwei der 15 gegen ihren Willen am START-Programm Beteiligten ... an Armen und Beinen mit Lederriemen und Metallbändern und -ketten an ihre eisernen Bettgestelle gefesselt worden waren. Außerdem hörte ich, daß sie in den fünf Tagen dieses Geschehens mehrmals gezwungen wurden, zu essen, wobei ihre beiden Hände weiterhin ans Bett angekettet blieben, und daß sie das Wachpersonal nur mit Mühe dazu bewegen konnten, ihnen beim Lösen der Ketten zu helfen, damit sie ihre körperliche Notdurft verrichten konnten.«[15]

Das START-Projekt wurde 1974 eingestellt. In anderen Staatsgefängnissen führte man die Konditionierung gleichwohl unvermindert weiter. Bis heute. In Somers/Connecticut konfrontierten die Gefängnis-Psychologen aggressive pädophile Sexualtriebtäter mit stimulierenden Bildern nackter Kinder und bestraften sie, damit gekoppelt, mit einem schmerzhaften Elektroschock in der Leistengegend.

Eine besonders brutale Folter im Dienste der Humanität entwikkelten die Anstaltsmediziner in Vacaville/California, als Gouverneur Ronald Reagan sich mit seinem Psychochirurgie-Programm dort nicht durchsetzen konnte.

Sie verwendeten Anectin (Succinylcholin), nannten es aversive Konditionierungsmethode. Anectin ist eine eng mit dem südamerikanischen Pfeilgift Curare verwandte Droge, die die Atemmuskeln lähmt und das Gefühl verursacht, zu ersticken. Sie führt zu Todespanik, bei vollem Bewußtsein.

Arthur Nugent, Chefpsychiater in Vacaville, setzte Anectin bei einer Vielfalt von Verstößen ein, darunter »verbale Drohungen, Diebstahl und Schlägereien«. Nugent schrieb:

»Unsere Technik besteht schlicht darin, daß wir 20 bis 40 Milligramm Succinylcholin intravenös spritzen ... und dem Patienten sagen, daß ... es gut wäre, er würde dieses Verhalten aufgeben, und daß, falls er sich späterhin in einer für andere und für ihn selbst gefährlichen Weise verhalte, er erneut mit den gleichen Aversionsmethoden behandelt werde. ... Verbunden mit Vorhaltungen über die Gefährlichkeit seines Verhaltens, wird die Beschreibung der speziellen Handlung, die an der schrecklichen Erfahrung des Patienten mit dem Anectin schuld ist, während der eineinhalb bis zwei Minuten seiner Paralyse beständig wiederholt. ... Selbst die brutalsten Häftlinge geraten in Furcht und hassen das Mittel. Ich kann ihnen das nicht verübeln. Nicht um alles in der Welt möchte ich auch nur eine einzige derartige Behandlung über mich ergehen lassen müssen.«[16]

Die meisten Konditionierungs-Programme wurden teilweise oder ganz von der »Law Enforcement Assistance Administration« des amerikanischen Justizministeriums finanziert. Unter anderem auch das Projekt »Asklepieion« des Anstaltspsychiaters Martin Groder von der Haftanstalt Marion/Illinois. Dessen Idee war eine systematische Denkreform vorwiegend aggressiver, politisch engagierter Strafgefangener. Am Anfang sind sie Verlierer, am Ende Gewinner, werden belohnt mit einem luxuriös ausgestatteten Quartier. Zu Beginn wird der Häftling psychisch und physisch kaputt gemacht. Dann fallen andere, bereits umerzogene Strafgefangene, Gewinner also, über ihn her, stacheln seine Ängste an, zerstören sein Ego.

Groder war designierter Leiter eines in Butner/North Carolina geplanten Rehabilitationszentrums für Strafgefangene, für das die US-Regierung 14 Millionen Dollar zur Verfügung gestellt hatte. In einer Rede vor dem Rechtsausschuß des US-Repräsentantenhauses sagte er, daß die für das neue Zentrum . . .

». . . in Aussicht genommenen oder als günstig erachteten Verfahren keinerlei Techniken der modernen Folter im Sinne der sogenannten Konditionierung wider Willen, speziell durch Mißbrauch von Medikamenten, Elektroschocks oder Psychochirurgie, beinhalten. In Wirklichkeit sind alle unsere Programme ihrem Grundsatz nach humanistische, auf Förderung angelegte Unternehmungen, die mit ihren Erfolgen oder Ergebnissen stehen und fallen, wobei man ganz gewiß sagen kann, daß sie zumindest keinen Schaden anrichten.«[17]

Noch bevor die neue Einrichtung in Butner nach mehrmaliger Verzögerung 1976 eröffnet wurde, hatte das Justizministerium zweimal den Namen geändert: Erst hieß sie US-Verhaltensforschungszentrum, dann Bundesstelle für Strafvollzugsforschung, schließlich Bundesvollzugsanstalt. Und die rund zweihundert Strafgefangenen, so hieß es, seien freiwillig dort.

Die Methoden haben sich in den letzten Jahren verfeinert. Und wenn die Zeit reif ist, kommen alte Ideen zu neuer Wertschätzung.

Im Oktober 1982 schlug der Leiter der Strafverfolgungsbehörden im kalifornischen Santa Clara, Robert M. Weigle, vor, Häftlinge auf Bewährung zu entlassen und sie mit einem kleinen, nicht zu entfernenden Sender zu versehen, dessen Signale von einem Polizeicomputer überwacht werden. Noch besser seien indes ins Gehirn verpflanzte Sonden, die der Überwachungszentrale Aufschluß über den Gemütszustand des Strafgefangenen geben und nötigenfalls Gegenimpulse ermöglichen. Als Walkman getarnt.

»Wir verlieren den Krieg gegen das Verbrechen, und wenn man verliert, sollte man anfangen, sich nach neuen Waffen umzusehen . . .«,[18] erklärte Weigle. Fernüberwachung und Hirnstimulation sind dabei als Idee so neu nicht. Schon 1972 behaupteten die beiden amerikanischen Kriminologen Barton Ingraham und Gerald W. Smith, eine solche Kontroll- und Überwachungsmethode sei im Interesse einer Verbrechensvorbeugung bei Wiederholungstätern unverzichtbar. Man werde eines Tages, so prophezeiten die beiden Fachleute damals, einen entlassenen Dieb vor einem Laden orten können, von dem man wisse, daß er nachts geschlossen sei. Der Computer gebe Auskunft über sein Vorstrafenregister. Ingraham und Smith weiter:

»Seine physiologischen Daten zeigen ein gesteigertes Atemtempo, eine Anspannung der Muskulatur und einen erhöhten Adrenalinausstoß an. Man würde sicherlich richtig liegen, wenn man sagte, er habe nichts Gutes im Sinn. Der Computer würde in diesem Fall, in Abwägung aller Verdachtsmomente, zu einer Entscheidung gelangen und die Polizei oder den Bewährungshelfer benachrichtigen, damit sie an den Ort des Geschehens eilen könnten; wäre der Betreffende mit einem Radiotelemeter versehen, könnte dieser seinem Gehirn ein elektrisches Signal übermitteln, das ihn hindert, sein Vorhaben weiterzuverfolgen, indem es ihn seinen Plan einfach vergessen oder aufgeben ließe.«[19]

Wer will bei einem solchen Konzept ethische Bedenken geltend machen, wenn es doch um einen humanen, offenen Strafvollzug, um Rehabilitierung geht. Wenn viele Menschen Sklaven ihrer Hirnwindungen, ihrer Gedanken, sind, wenn das Substrat der Aggression, der Kriminalität, in diesen 700 Gramm amorpher weißgrauer Masse steckt, ist es dann nicht die moralische Verpflichtung einer Gesellschaft, die sich sozial nennt, diesen Opfern zu helfen, so wie es die moralische Verpflichtung des Arztes ist, seinem herzkranken Patienten vorzuschreiben, daß er alle sechs Stunden eine bestimmte Tablette zu nehmen habe?

Wenn Kriminalität in gewisser Hinsicht eine Krankheit ist, dürfen wir dann medizinische, pharmakologische, psychologische Hilfe verweigern?

»Was wäre besser, als bei den Menschen anzufangen, die am dringendsten einer Veränderung zum Besseren bedürfen?«[19] fragen Ingraham und Smith.

Die Gewalt der Definition ist ein machtvolles Instrument. Müssen die Anstaltpsychiater demnach ihre Sträflinge als von der Natur gewollt, im Gehirn manifestiert, minderwertig klassifizieren, so wie schon Aristoteles Sklaven nicht für Menschen hielt, um ihre Unterjochung rechtfertigen zu können?

So gesehen ist der humane Strafvollzug, wie er sich hier darstellt, ein Etikettenschwindel. Gefängnisse wurden als Orte der Bestrafung geschaffen. Wer von der gesellschaftlichen, christlichen, ethischen Norm abweicht, wer geschriebene und ungeschriebene Gesetze mißachtet, muß dafür, so ist es unser Verständnis, Buße tun. Jemanden bestrafen heiße, so schreibt der Psychologe Stephan Chorover, ihm Schmerz, Verlust, Gefangenschaft, vielleicht sogar den Tod aufzuerlegen, und nach allem, was wir über menschliches

Verhalten wissen, wurden die Menschen durch solche Härten keineswegs besser. Der Versuch der Wiedereingliederung in die Gesellschaft darf nicht mißverstanden werden als ein Versuch, den Menschen gegen seinen Willen umzukrempeln, auf daß er werde, wie es sich gehört, wie es der Norm entspricht. Chorover schreibt:

»Letztlich ist es die der Behandlungsphilosophie zugrundeliegende Haltung der sozialen Verachtung (nicht die Verhaltenskontrolltechnik selbst), die es möglich macht, daß Quälerei sich als Therapie präsentieren kann. Gefängnisbeamte können das, was sie Strafgefangenen antun, nur rechtfertigen, indem sie alle Häftlinge vorab zu kranken, geschädigten oder infantilen Geschöpfen erklären.«[20]

Wer die chemische Zwangsjacke emphatisch beklagt, in die politische Dissidenten in der Sowjetunion gesteckt werden, kann nicht die Manipulation von Häftlingen gutheißen, nur weil das eine die Anpassung an die Normwerte des Kommunismus, das andere die an die humanistischen Ideale westlicher Gesellschaftssysteme darstellt.

Wir halten dem liberalen Rechtsstaat zugute, daß Notzuchttäter und Kinderschänder, selbst wenn sie Gewalt anwendeten, gar wenn sie töteten, als Sklaven ihres Triebes eingestuft werden. Als Opfer ihrer Hormone. Wir sind abgerückt vom Prinzip von Schuld und Sühne, halten gleichwohl daran fest, sie als Bedrohung ihrer Umwelt von dieser Gesellschaft auszusperren, sie sicherheitszuverwahren. Wir lassen sie behandeln wie Kranke, geben ihnen die Freiheit zurück, wenn sie sich behandeln lassen, durch Medikamente, Konditionierung, Hirnoperationen oder Kastration. Mit dem Risiko eines katastrophalen Rückfalls. Müssen wir auch bei jenen, für die wir im Innersten Mitleid empfinden, auf »die falsche Tünche eines gütigen Despotismus in Gestalt einer Behandlungsphilosophie« verzichten, wie Stephan Corover schreibt? Verzichten auf die Vorstellung, geschlossene Abteilungen, gleichgültig ob Gefängnis oder Irrenanstalt, seien dazu da, den Täter zu einer Rückkehr in die Gesellschaft zu befähigen?

Das schlechteste Argument ist jenes, die Umpolung geschähe nur mit Zustimmung der Betroffenen. Wohl die zwangsweise Konditionierung, nicht dagegen die freiwillige müsse als verwerflich gelten, wird gesagt. In Baden-Württemberg wurde ein einsitzender Triebtäter vom Justizminister zur Gehirnoperation begnadigt. Man gewährte ihm Freiheit unter der Bedingung, daß er sich stereotaktisch operieren lasse. Wer kann, vor die Alternative gestellt, sicherheitsverwahrt zu bleiben, ein Leben lang womöglich, oder, nach der Konditionierung, die Freiheit wiederzuerlangen, sich frei entscheiden? Der innere Zwang, dem Eingriff zuzustimmen, ist gewiß von anderer Qualität als der äußere, Inhaftierte mit Gewalt auf den Operationstisch zu schnallen. Aber auch von anderem Ausmaß?

Ein amerikanisches Gericht in Michigan hat im Fall eines sexuellen Psychopathen, der sich freiwillig operieren lassen wollte, den Eingriff mit der Begründung untersagt, daß Patienten, die gegen ihren Willen in staatlichen Einrichtungen festgehalten würden, rechtlich nicht in der Lage seien, eine rechtsgültige, freiwillige, informierte Zustimmung zu einer so schwerwiegenden, irreversiblen psychochirurgischen Operation zu gehen.

Bundesdeutsche Richter haben oftmals anders entschieden. Haben die »guten Sitten«, gegen die medizinische Eingriffe nicht verstoßen dürfen, nicht in Gefahr gewähnt, haben keine prinzipiellen Unterschiede zur freiwilligen Kastration gesehen, haben Hirn und Hoden gleich bewertet.

Soziales Verhalten – in die Köpfe geschnitzt

Mit welcher Begründung können wir die Verweigerung rechtfertigen, einen Gewalttäter, Terroristen, Schwerverbrecher nicht, wie von Hunter, Brown und Fritz Roeder vorgeschlagen, physisch oder psychisch zu konditionieren, der gesellschaftlichen Norm anzupassen, mit Skalpell oder Droge? Die Wissenschaft würde nicht umhinkommen, jene auszusondern, die aus niederen Motiven, Habgier und Lust zum Beispiel, morden und vergewaltigen. Sie könnten keine neurochemische Entschuldigung anführen, hätten zu büßen. Und die anderen könnten eine Behandlung einklagen?

Geraten wir nicht in Gefahr, Gewalt, Verbrechen, Kriminalität als Produkt eines kranken Gehirns anzusehen, nicht als Produkt einer kranken Gesellschaft?

Aber dürfen wir andererseits individuelle Hilfe verweigern, nur weil sie nicht gleichzeitig die kollektiven Ursachen beseitigt?

Das gilt auch für aggressive, erethische Kinder. Vertreter neurologischer Manipulationen haben da immer die Sympathie auf ihrer Seite, können sich allgemeiner Zustimmung sicher wähnen.

»Stellen Sie sich vor, ein zehnjähriges Kind leidet an Erethismus, und Sie haben alles versucht: Psychopharmaka, Psychotherapie, und das jahrelang und mit Geduld und Ausdauer, doch ohne jeden Erfolg, und das Kind wird jetzt vielleicht fünfzig Jahre in einer geschlossenen Anstalt leben müssen. Ist es da nicht besser, eine Hirnoperation durchzuführen und ihm zumindest die Chance einer Heilung zu geben?«[21]

So argumentierte der texanische Neurochirurg Orlando Andy vor einem Gesundheitsausschuß des amerikanischen Senats. Wer wollte diesem Kind den Eingriff verweigern? Doch Andy faßte die Indikation für seine Operation sehr weit, behandelte nicht nur erethisch-aggressive Kinder mit Hang zu Selbstzerstörung, sondern auch überaktive Kinder, stufte deren Unruhe als abweichendes, krankhaftes Verhalten ein.

»Anomales Verhalten resultiert immer aus veränderten Hirnstrukturen, was manche Psychiater und Psychologen offenbar nicht wissen oder zu vergessen scheinen. Eine angemessene Therapie kann demnach nur durch Techniken ermöglicht werden, wie zum Beispiel durch die Hirnchirurgie, die direkt die strukturellen Veränderungen angehen.«[21]

Manche Kinder wurden mehrfach operiert, bis sich der erwartete Erfolg endlich einstellte. Bei dem neunjährigen Joe Martens, der in der Fallbeschreibung als gewalttätig, unberechenbar und streitsüchtig charakterisiert wurde, waren fünf Operationen notwendig, um ihn zu zähmen. Allerdings, so heißt es in Andys Abschlußbericht, »intellektuell verfällt der Patient«.[21]

Auch der japanische Neurochirurg Hirataro Narabayashi operierte aggressive Kinder, von denen er sagt: »Einige waren lästig und ein Ärgernis für ihre Umwelt.«[22] Die soziale Anpassung gelang. Nach den Operationen, schrieb Narabayashi in seinem Bericht, hätten die Kinder »einen Grad zufriedenstellenden Gehorsams und dauerhaften Gleichmuts erreicht, der sie befähigt, in ihrer vertrauten sozialen Umgebung zu bleiben.«[22]

Und Fritz Douglas Roeder aus Göttingen griff im Mandelkern an, um Kinder und Jugendliche mit aggressivem Krankheitsbild zu vollwertigen Mitgliedern der Gesellschaft zu formen. Jähzorn sei operabel. Ein Fall Roeders:

»Der 14jährige übergroße, ungewöhnlich kräftige Junge zeigte sehr leicht heftige Zornesanwandlungen, wenn ihm nicht bei allen Wünschen nachgegeben wurde. Der Vater, ein sehr einsichtsvoller Polizeibeamter, der insbesondere auch die nötige Ausbildung hat, um dem Jungen zu begegnen, wurde nicht mehr mit ihm fertig; der Patient hat häufig brutal auf ihn eingeschlagen, die Mutter hatte besondere Angst vor dem Jungen.«[23]

Nach dem stereotaktischen Eingriff besserte sich das Verhalten des renitenten Sohnes entscheidend:

»In psychischer Hinsicht hat sich der Patient nach dem Eingriff sehr gut entwickelt, er ist jetzt ausgesprochen zahm und friedlich und macht seinem Vater nicht mehr die geringsten Schwierigkeiten. ... Er ist doch ausgeglichen, nicht mehr aggressiv und besteht nicht unbedingt auf irgendwelchen Forderungen, die er vorher absolut durchzusetzen fähig war. ... Das wesentlichste ist, daß der Patient mit großer Wahrscheinlichkeit ständig in der Familie bleiben kann und daß eine Dauerbehandlung auf einer geschlossenen Abteilung mit den Härten für den Patienten und seine Familie, aber auch gleichzeitig mit großen Kosten für eine jahrzehntelange Unterbringung vermieden werden konnten.«[23]

Niemand kann den Hirnoperateuren Andy, Narabayashi oder Roeder unterstellen, sie hätten ausschließlich soziale Problemfälle operiert. Was ihnen jedoch vorgeworfen werden muß, ist die oftmals kritiklose Seelenchirurgie ohne exakte Erkundung der Ursachen. Sie haben sich blenden lassen von den Aussagen der Eltern, die mit ihren Kindern nicht fertig wurden, haben gemeint, ihre Operationstechnik sei geeignet, familiären Frieden wieder herzustellen, haben deshalb mit ihrem Skalpell ihr eigenes Ideal sozialen Verhaltens, demzufolge ein Kind seinen Eltern nicht zu widersprechen hat, nicht aufmüpfig sein darf, in die Köpfe der Kinder geschnitzt.

In weit größerem Ausmaß wurden in den siebziger Jahren in den USA ungehorsame, hektische, nervöse Kinder als hyperkinetisch, also gehirnkrank, eingestuft und mit Psychopharmaka sediert: gedopte Schüler, still und gehorsam, chemisch gezähmte Widerspenstige. Ritalin, eines der Psychopharmaka, wurde nach amtlicher Schätzung 1976 von nahezu zwei Millionen amerikanischen Schulkindern konsumiert. Viele Lehrer wünschten die Droge, empfahlen die Glückspillen prophylaktisch. Die meisten Eltern protestierten nicht.

»Es gibt keine allgemein akzeptierte Definition der minimalen Gehirnfunktionsstörung. Solange die Diagnose so nebulös ist, läuft man Gefahr, dieses Etikett jedem Kind anzuhängen, das sich nicht einfügt oder das in der Schule unordentlich ist.«[24]

So Gerald Solomons, Kinderpsychologe an der Iowa University. Auf einem Fachkongreß sprach der Psychologe Daniel Freedman zum Thema »Pharmakologie und Verhaltenssteuerung«. Vorsorgliche Behandlung mit Psychopharmaka, sagte er, sei eine gute Sache. Hyperkinetische Kinder könnten sonst einen Charakterfehler entwickeln oder Alkoholiker werden. Überdies gingen von den Medikamenten keine gravierenden Nebenwirkungen aus. Mediziner warnen dagegen, die Pillen machten euphorisch. Wie viele Psychopharmaka. Ein Kind schrieb: »Danke, Mutter. Ich fühle mich so viel glücklicher!«[25]

Und warum nicht gleich die ganze Bevölkerung? Seit vielen Jahren kennt man die beruhigende Wirkung von Lithium auf Manisch-Depressive während ihrer hyperaktiven, aggressiven Phase. Lithium, ein Metall, ist als Salz weit preiswerter als die gängigen Psychopharmaka Valium oder Librium. Der Psychiater Michael Sheard von der Yale University testete Lithium an Gewaltverbrechern des Staatsgefängnisses von Somers/Connecticut. Mit durchschlagendem Erfolg. Die Aggressionen gingen erkennbar zurück.

Lithium kommt auch in der Natur vor. In Texas, besonders in El Paso, hat das Quellwasser einen hohen Lithiumgehalt. Dort leiden, sagte man, erstaunlich wenige Menschen an psychiatrischen Erkrankungen, die mit Gewalttätigkeiten einhergehen.

Der Psychiater Nathan S. Kline hat deshalb vorgeschlagen, dem Trinkwasser nicht nur Fluorid gegen Zahnerkrankungen zuzusetzen, sondern auch Lithium gegen die zunehmende Gewalt in unserer Welt. Ein fazinierender Gedanke. Eine Massentherapie gegen das Böse. Friedfertigkeit aus dem Wasserhahn. Niemand merkt etwas, niemand spürt etwas. Alle profitieren davon. Manipulation ist Hoffnung.

Krieg bedeutet Frieden

»Jeder hat das Recht auf eine menschenwürdige Umwelt.«

(Bislang nicht verwirklichter Grundgesetz-Artikel)

»Der Planet Erde wird geplündert und zerstört von einer armen Mehrheit, die die Ressourcen einfach um den täglichen Überlebens willen auspowert; und von einer reichen Minderheit, die in ihrer unersättlichen Gier verschwenderisch alles konsumiert. Die Mehrheit kann also nicht an morgen denken, und die Minderheit will sich nicht darum kümmern.«

(Auerelio Peccei, *Die Zukunft in unserer Hand,* 1981)

Kein Planet für Schwächlinge

Unsere Umwelt ist krank, der Krankheitserreger bekannt. Die Dramaturgie dieses Stückes schrieb der Mensch selbst. Er plündert, vergewaltigt und vergiftet seinen Lebensraum, den er sich gerade zu beherrschen anschickte. Er wollte über sich hinauswachsen, wollte Wohlstand ohne Reue. Das Ende ist bitter:

Viele Flüsse, Bäche und Seen erinnern immer noch an Kloaken, durch die sich nur widerstandsfähige, angepaßte Fische hindurchschleppen. Und eine akute Giftfracht aus den Abflußrohren der Chemie läßt auch die robustesten an der Oberfläche schwimmen.

Das Meer wird als Müllkippe der Wohlstandsnationen mißbraucht, systematisch ruiniert. Die Nahrungsreserve Ozean ist, wo nicht bereits ausgebeutet, von Siechtum bedroht.

Der Wald stirbt den Säuretod. Schwefelregen aus den Schloten der Kraftwerke und Fabrikhallen, Abgase, die Auspuffrohre jährlich millionentonnenweise speien, haben das Ende des Baumes besiegelt. Man spricht von Wiederaufforstung wie vom Frieden nach dem Krieg.

Auf den Äckern sorgen Kunstdünger und Chemikalien, von Jahr zu Jahr in höheren Konzentrationen angewendet, für eine maximale Ausbeutung der Böden. Daß die Erde dabei ausblutet, die Nahrung Schritt für Schritt vergiftet wird, meinen die Landwirte angesichts steigender Erträge problemlos verdauen zu können. Die Verdauungskapazität der Natur stellt keiner in Frage.

In den Plantagen, an den Rebhängen, im Stall setzt schon beim geringsten Verdacht das chemische Sperrfeuer ein, als ob die Dosen mit dem Totenkopf das Wachstum sichern könnten. Die Suppe löffeln wir alle aus.

Smog, die Weigerung der Natur, den Dreck aus Industrieschornsteinen, Privatkaminen und Auspufftöpfen in der Lufthülle zu verteilen, ist regelmäßig, Winter für Winter, atemberaubende Wirklichkeit. Die deutlichsten Symptome zeigen sich immer bei den Kindern.

Geht uns also alsbald die Luft zum Atmen, das Wasser zum Trinken aus? Werden tödliche Strahlungen den von Spraygasen löchrig gewordenen Schutzschild des Planeten durchdringen und die Menschen verbrennen? Führen von Biologen erbmanipulierte Bakterien zu neuen weltweiten Seuchen, die Pest, Pocken und Diphtherie weit in den Schatten stellen? Sind dies die Konturen der Apokalypse, des ökologischen Doomsdays, am Horizont?

Die Welt sei immer noch schön, wird entgegnet, als wären saftig grüne Wiesen im Sonnenglanz, schneebedeckte Berge und der Vollmond über dem Meer genügend Indizien, daß alles nur halb so schlimm und auch maßlos übertrieben ist. Machen wir uns Mut, betäuben wir unsere Sorgen, unsere Existenzängste? Scheren wir uns um das Schicksal unserer Kinder, unserer Enkel?

Oder sind wir noch immer vom Fortschritt geblendet, glauben an das Credo des Überflusses, halten die Fahne bis zum letzten Atemzug hoch, weigern uns, vom Prinzip Hoffnung narkotisiert, in Endzeitstimmung zu verfallen?

Daß der Fortschritt Opfer fordert, hat man uns schon vor Jahren gesagt, als gelte es, den Götzen Konsum bei Laune zu halten. Erst waren es die Contergan-Kinder, dann die Minamata-Kinder, dann die Seveso-Kinder, die so sichtbar ihre Narben trugen, daß niemand sie übersehen konnte. Was aber ist mit den unsichtbaren Schäden, die sich dem Auge verbergen? Was ist mit den Krebstoten, den Asthmatikern, den Allergikern?

Überleben konnten schon immer nur die Stärksten, sagt die Industrie, das sei das Prinzip der natürlichen Auslese, sei biologisches Naturgesetz. Wenn sich dieser Industriedarwinismus, diese Ellenbogen-Philosophie durchsetzt, hat diese humanistische Gesellschaft ihre Existenzberechtigung verloren. Ist, auf diesem Teil des Globus, kein Platz mehr für Schwächlinge, für Gebrechliche, für Kinder?

Selbstzweifel sind relativ neu. Das Hinterfragen der Fortschrittseuphorie, das Nachdenken über die Konsequenzen hat erst in den letzten zehn Jahren allmählich an Bedeutung gewonnen. Irgendwann war das Wort »Lebensqualität« in aller Munde – und immer mehr Menschen begriffen, daß nicht der materielle Wohlstand gemeint war.

Zorn und Kritik konzentrierten sich anfänglich fast ausschließlich auf die Kernenergie, die gleichsam über Nacht als Synonym für das schlechthin Unmenschliche dastand und erstmals die möglicherweise fatalen Folgen der zur Sicherung der Überflußgesellschaft notwendigen Energiegewinnung deutlich machte – aber auch einer geradezu blinden Wissenschafts-Hörigkeit. Aus den Physikern, der Elite der modernen Naturwissenschaft, wurden die Prügelknaben der westlichen Industrienationen.

Erst nach und nach setzte sich die Überzeugung durch, daß das Schlagwort der Nachkriegsjahre, des deutschen Wirtschaftswunders, der Schornstein müsse rauchen, einer entscheidenden Korrektur bedürfe. Fortan galten qualmende Schlote nicht mehr als Symbol des Wohlstands, sondern als Fanal zunehmender Umweltverschmutzung. Forderungen wie jene eines blauen Himmels über der Ruhr wurden politisch salonfähig, die Sicherung unserer schon gar nicht mehr intakten Umwelt fand Eingang in die Gesetzgebung.

Viel zu wenig hat sich seitdem verbessert. Zwar verdunkeln keine Staubwolken mehr die Sonne zwischen Rhein und Ruhr, aber gleichwohl leidet man im Industrierevier noch an Atemnot. Es sind die unsichtbaren Schadstoffe, die Kopfschmerzen bereiten, und mehr. Ein Teil des Drecks, den heute Schornsteine in lichter Höhe an die Luft setzen, wird exportiert, über die Grenzen abgeschoben. Deswegen sterben in Norwegen die Seen, in Dänemark die Wälder.

Und das Durchatmen ist in den Ballungsgebieten, in den Großstädten, der Gesundheit nicht eben förderlich. Der Reiz, der in der Luft liegt, kann chronische und bösartige Erkrankungen nach sich ziehen. Kinder leiden unter einer verspäteten Knochenreifung, weisen eine verminderte Lernfähigkeit auf, erkranken häufiger als anderswo an Stimmlosigkeit, Hustenanfällen, Asthma. Und nirgendwo in der Bundesrepublik sterben mehr Menschen an Lungenkrebs als in Duisburg, Oberhausen und Gelsenkirchen.

»Derartige Vorkrankheits- oder Krankheitszustände ... erscheinen häufig in Verbindung mit dem niedrigen Sozialstatus, dessen Angehörige unter sehr unterschiedlichen Aspekten (Ausbildung, Hygieneverhalten, Beruf, Wohnung, Ernährung, Genußmittelgebrauch, psychosozialer Streß) ... als Risikogruppe gelten müssen. Bei der Ableitung ... sind für folgende Stoffe folgende Risikogruppen zu berücksichtigen: Kohlenmonoxid/Herzkranke, Blei/Kinder, Stickstoffdioxid/Kleinkinder, Ozon/Asthmatiker. ... Für viele Luftverunreinigungen gibt es also Risikogruppen, die ... besonders zu beachten sind. Für Schwefeldioxid und Stickstoffdioxid sind es Kinder und Erwachsene mit bestehenden Atemwegserkrankungen, für Cadmium alte Menschen, für Blei Kleinkinder und Schwangere. Ungefähr zehn Prozent der Normalbevölkerung reagieren überempfindlich auf Schwefeldioxid.«[1]

So der Düsseldorfer Umweltmediziner Hans Werner Schlipköter. Nach wem orientieren wir uns bei der Festlegung von Grenzwerten, nach den 90 Prozent Normalbevölkerung oder den zehn Prozent Schwachen? Für Schwefeldioxid in der Luft gilt hierzulande eine Höchstgrenze, die dreimal so hoch ist wie jene, die die Weltgesundheitsorganisation als oberstes Limit erachtet. Kann, im Interesse des industriellen Fortschritts und Wohlstands, auf Kinder, Schwangere, Asthmatiker und Alte keine Rücksicht genommen werden?

Die Behörden reagieren immer noch mit Achselzucken, wenn nicht mit Schlimmerem als Ignoranz. Kinderärzte, die versuchen, Zusammenhänge zwischen kindlichen Atemwegserkrankungen und schlechter Luft nachzuweisen, werden von den zuständigen Ämtern linker Agitation bezichtigt.

In den letzten Jahren deckten eine Reihe von Medizinern in Essen, Berlin, Mannheim, Darmstadt auf, daß der Erstickungshusten eine Folge von Luftverschmutzungen ist. In Duisburg sind die schlimmsten Stadtteile jene mit hohem Ausländeranteil. Die Deutschen sind in Wohnviertel mit besseren Luftverhältnissen geflohen – ihren Kindern zuliebe. Wissen wir so wenig über die genauen Ausmaße der Hustenepidemie im Ruhrgebiet, weil Türken, Jugoslawen und Griechen lieber schweigen?

»Die Technologien sind da, um die Abgase zum Beispiel zu entschwefeln. Das kostet zwar 'ne Menge Geld, das ist nicht so tragisch. Ich halte überhaupt nichts davon, den Arbeitsplatz auf Teufel komm raus zu erhalten; nachher sind unsere Kinder womöglich gar nicht mehr in der Lage, richtig zu arbeiten. Ich weiß überhaupt nicht, ein Kind, das mit zwei Jahren schon so oft krank war, was hat dies Kind mit zwanzig Jahren für eine Gesundheit? Was haben wir davon, wenn wir für unsere Kinder den Arbeitsplatz erhalten, die Kinder in zwanzig Jahren so kaputt sind, daß sie gar nicht mehr arbeiten können!?«[2]

Klage einer der betroffenen Mütter, ihren Sohn auf dem Schoß.

Auch in anderen Belastungsgebieten der Bundesrepublik, in Oker bei Goslar, in Nordenham, in Krautscheid, in Stolberg bei Aachen, sind es Gastarbeiterkinder, die in unmittelbarer Nähe der giftspeienden Schlote wohnen. Die Väter arbeiten im Werk, die Kinder müssen's ertragen. Wer sagt es, wer erklärt es ihnen?

Schwermetalle spielen die größte Bedeutung, Blei vor allem. In den Zähnen von Kindern aus Duisburg findet man übermäßig hohe Bleianteile. Darüber hinaus führt das giftige Metall offenbar zu Veränderungen der Lernfähigkeiten. Als entscheidend haben sich das soziokulturelle Umfeld und die Bleibelastung erwiesen.

Kinder und Alte sind auch in Berlin am schlimmsten betroffen. Nach Wintertagen mit extremer Luftbelastung steigt die Sterblichkeit älterer Menschen um fast 15 Prozent, ermittelte das Statistische Landesamt. Smogalarm wird selten ausgelöst, weil man die Lage der Meßstationen so gewählt hat, daß sich regionale Spitzenbelastungen nivellieren, sich wegmitteln lassen. »Janz Berlin ist eene Wolke«, schrieben Umweltschützer 1982 als Motto über eine Ausstellung zum Thema Luftverschmutzung: Die Luft an der Spree ist so schwefelhaltig wie sonst nur noch in den Industriezentren Halle, Bilbao oder Mailand; sie ist so staubig wie in Chicago oder Pittsburgh.

Es mehren sich auch Hinweise, daß der plötzliche Säuglingstod – medizinisch als *Sudden Infant Death Syndrome,* kurz SIDS bezeichnet – u. a. als Folge von Atemwegsinfektionen und -entzündungen des Nasen-Rachen-Raums zu sehen ist, die ihrerseits durch den Schwefeldioxidgehalt der Luft hervorgerufen werden.

Fast völlig im dunkeln liegen noch die Ursachen von Krebserkrankungen im Kindesalter, der nach Unfällen zweithäufigsten Todesursache unter Kindern. Die Zahl der Kinderkrebsfälle ist in den letzten zehn Jahren erheblich angestiegen: Erkrankten in den siebziger Jahren etwa 80 unter einer Million Kindern im Alter bis zu 15 Jahren, waren es 1982 bereits 107 Kinder – ein Anstieg um 35 Prozent, in so kurzer Zeit.

Die Luft in den Industriegebieten geht mit allerlei Krebserregendem schwanger: mit Asbestfasern, Metallstäuben, Kohlenwasserstoffen. Und auch das Gift des Sauren Regens, Schwefeldioxid, muß im selben Atemzug genannt werden. Es besitzt eine krebsfördernde Wirkung und erleichtert anderen Verbindungen ihr bösartiges Werk in den Körperzellen.

Ob dreckige Luft und Kinderkrebs Ursache und Wirkung sind, steht dahin. Andere Umwelteinflüsse kommen ebenfalls in Betracht: In der Umgebung der britischen Wiederaufbereitungsanlage für Kernbrennstoffe in Windscale ist die Zahl der an Leukämie erkrankten Kinder überdurchschnittlich hoch. Blutkrebs gilt als erwiesene Spätwirkung erhöhter Radioaktivität – seit den Folgen der Atombombenexplosion in Hiroshima und Nagasaki.

Flaschenkinder erhalten womöglich mit dem Trinkwasser sehr viel Nitrat zugeführt, das sich im Körper in das Zellgift Nitrit umwandeln kann. Mögliche Folge: Der Sauerstofftransport wird behindert, die Babies sterben an Blausucht, an innerer Erstikkung. Überdies können sich Nitrosamine bilden, die Krebs verursachen.

Aber auch unter den Schadstoffen, die der Säugling mit der Muttermilch eingeflößt bekommt, stecken eine Vielzahl krebsauslösender Verbindungen.

Schon das ungeborene Kind ist nicht durch eine unüberwindliche Mauer vom mütterlichen Organismus getrennt: Nicht nur Medikamente, sondern auch mit der Nahrung aufgenommene Gifte, zum Beispiel das Insektenvertilgungsmittel DDT, passieren den Mutterkuchen, der den Fötus mit Nährstoffen versorgt – und eigentlich vor Giftstoffen schützen soll. Und nach der Geburt ist dann das Hauptnahrungsmittel des Säuglings mit all jenen Umweltgiften verseucht, die unter den Schadstoffen Rang und Namen haben: DDT, das Pestizid, das man überall auf dem Globus findet, sogar im ewigen Eis der Polarkappen; PCB, die Industriechemikalie aus Transformatoren, die giftig und erbschädigend und, wie DDT, inzwischen allgegenwärtig ist; HCH und HCB, Hieroglyphen für Insektenvernichtungsmittel auch dies, die zum Teil auch heute noch in der Forst- und Landwirtschaft angewendet werden.

Wiederholte Untersuchungen haben bestätigt, daß bei uns der überwiegende Teil der Muttermilch aus dem Verkehr gezogen werden müßte, würde man sie nach den gesetzlichen Vorschriften für Trinkmilch beurteilen. Das Lebenselixier der Kinder wäre den Erwachsenen mithin als Lebensmittel zu gefährlich – toxikologisch bedenklich, wie die Fachleute sagen. Mehr noch: Dieselbe PCB-Konzentration, wie sie in der Muttermilch vorkommt, hat bei Rhesusaffen zu schweren gesundheitlichen Schäden geführt, zu Akne, Wasseransammlungen unter der Haut, Vereiterungen.

Die Experten empfehlen gleichwohl jungen Müttern, ihre Babys zu stillen. Im Interesse einer guten Infektionsabwehr und aus psychologischen Gründen, so sagen sie, sei unterm Strich eine Stillperiode von drei bis vier Monaten zu empfehlen:

»Die Vorteile des Stillens haben ... nur in den ersten drei Lebensmonaten uneingeschränktes Gewicht und verlieren ihre Bedeutung im Laufe der folgenden Monate. Daher spricht eine ... Nutzen-Risiko-Abwägung nur für eine drei- bis viermonatige Stillperiode. Die abnehmende Bedeutung der ernährungsphysiologisch wichtigen Kriterien gibt dem gleichbleibenden Risiko durch den Gehalt an Verunreinigungen in der Frauenmilch immer größeres Gewicht, so daß das Stillen über einen Zeitraum von sechs Monaten hinaus nicht sinnvoll erscheint.«[3]

Nichts zu lachen am Busen der Chemie. Die Chemieindustrie, für die Giftstoffe in der Muttermilch letztendlich verantwortlich, sieht das anders. An den Schadstoffen in der Muttermilch sei noch kein Kind nachweislich erkrankt oder gar gestorben. In der Tat sind kausale Zusammenhänge dieser Art sehr selten aufzuspüren, weil solche Umwelterkrankungen kaum epidemieartig auftreten, sondern nur vereinzelt, und dann ja auch nicht jedes Kind befallen, sondern nur die Schwächsten. Und wenn es im späteren Leben zu allergischen Reaktionen, Hauterkrankungen, Leberschäden oder anderen Organstörungen kommt, wird kein Arzt in Erwägung ziehen, daß womöglich Schadstoffe, gleich nach der Geburt mit der Muttermilch aufgesogen, in der Mitverantwortung stehen könnten. Es gelingt nicht, die Chemie auf frischer Tat zu ertappen, weil die Wirkung erst nach vielen Jahren eintritt. Und wo kein Kläger ist, ist auch kein Angeklagter. Auf diese Ungewißheit läßt sich bauen.

»Willkommen kleiner Erdenbürger! Im Zeichen der Human-Chemie ist aller Anfang nicht so schwer: Medikamente sorgen für die Gesundheit, pflegeleichte Babywäsche schafft Behagen, und schonende Mittel zur Reinigung und Pflege sind selbstverständlich.«

So warb die Chemieindustrie nach der Seveso-Katastrophe, versuchte, mit einem 30-Millionen-Etat, ihr Ansehen aufzupolieren. Im Jahre 2000 werden die Neugeborenen von heute fast erwachsen sein. Sie werden uns unangenehme Fragen stellen. Ob sich die Konflikte dann mit rosafarbener Ignoranz übertünchen lassen?

In Seveso verlor die Chemie ihr Image, erlebte die Industrie ihr Waterloo. Als in einem schlampigen Chemiewerk ein Arbeiter vergaß, ein Rührwerk einzuschalten, kam es zum Desaster: Zwei Kilogramm des giftigsten Stoffes, der jemals von Menschen hergestellt wurde, entwichen ins Freie und rieselten als tödlicher Staub auf die Umgebung nieder. Auch heute noch, fast ein Jahrzehnt danach, sind die Wunden der Stadt und der Betroffenen nicht vernarbt. Zwar ist über die Giftenklave inzwischen Gras gewachsen, die vergiftete Erde vergraben oder auf eine weite Reise geschickt worden, die monatelang ganz Europa in Aufregung versetzte. Die Industrie aber hat ihre Lektion nur widerwillig gelernt. Abwiegeln, Herunterspielen, Ignorieren – das war auch danach die Parole.

»Ein Herauslösen aus dem Zusammenhang führt zwangsläufig zu Verunsicherung und Panikmache. Das zeigt sich beispielsweise deutlich, wenn wir die tragischen Ereignisse von Seveso nüchtern analysieren. Resultat: Die einzigen Menschen, die ihr Leben verloren, sind jene Ungeborenen, die durch Abtreibung das Opfer einer Hysterie wurden, die in die Bevölkerung getragen wurde.«[4]

So der ehemalige Vorstandsvorsitzende der BASF, Matthias Seefelder.

Wir können uns der Chemie gar nicht entziehen: Insgesamt 60 000 verschiedene Substanzen sind gegenwärtig im Handel, und jährlich kommen 400 bis 500 neue hinzu. Nach dem Zweiten Weltkrieg ist geradezu eine Lawine neuer Chemikalien auf uns hereingebrochen. Und je mehr diese Stoffe unter die Lupe genommen werden, desto mehr erweisen sich als gefährlich: sie machen krank, lösen Krebs aus, schädigen das Erbgut oder rufen Mißbildungen hervor.

Lange Zeit war die Bundesrepublik ein bevorzugtes Exportland für unsaubere Chemieprodukte, zum Beispiel für Kinderschlafanzüge mit dem Flammschutzmittel »Tris«. Nachdem die Pyjamas in den USA aus dem Verkehr gezogen worden waren, weil »Tris« sich als krebserregend erwiesen hatte, führte der Hersteller seine Restposten in die Bundesrepublik aus.

Und niemand kann mit Gewißheit sagen, ob sich diese 60000 Einzelstoffe in ihrer Wirkung auf den Menschen nur addieren oder womöglich potenzieren.

Gewiß, nicht jeder, der sich krankmachenden Umwelteinflüssen, krebsauslösenden Chemikalien aussetzt, wird auch tatsächlich von einer unheilvollen Krankheit befallen. Nicht jeder Raucher bekommt ein Bronchialkarzinom, nicht jeder Asbest-Arbeiter Rippenfellkrebs.

Wen es trifft, läßt sich nicht diagnostisch vorhersagen. Es sind ganz offensichtlich Menschen, deren Stoffwechsel, deren chemische Grundausstattung sie empfänglich macht für bösartige Einflüsse von außen. Nach allem, was man weiß, spielt dabei auch das Erbe eine Rolle. Brustkrebserkrankungen zum Beispiel weisen eine familiäre Häufung auf.

Diese Menschen, die das Kainsmal in sich tragen, ohne davon zu wissen, sind von der Natur aus benachteiligt, sind Schwache, so wie Kinder und Alte schwach sind und als erste unter Luftverschmutzungen leiden. Sind wir nicht verpflichtet, uns nach *ihnen* zu richten, nicht nach dem Durchschnittsmenschen, dem weder Zigarettenrauch noch Asbeststaub schaden? Müssen wir uns nicht wehren gegen die Definition der Manager, ein gewisses Risiko im Umgang mit Chemikalien sei unumgänglich, traurig für die, die das Schicksal ereile, aber so arbeite die Natur nun einmal? Matthias Seefelder:

»Verantwortlich ... werden hauptsächlich der technische Fortschritt und die Zivilisation gemacht. Zu dieser Betrachtung gehört aber auch die Aussage: 100 Prozent der Menschen müssen sterben – eine noch schrecklichere Feststellung. Und kein Mensch kann etwas dagegen tun.«[4]

Es geht um die Abwägung zwischen Risiken und Nutzen und die Überlegung, ob ein Stoff, der vielen hilft und nur wenigen schadet, gerechtfertigt ist; es geht um Güterabwägung, um Mehrheitsentscheidungen. Steckt aber nicht ein Stück Faschismus in der Einschätzung, daß Schäden bei den Schwachen im Interesse des Überlebens der Normalen in Kauf genommen werden müssen, als seien die Schwachen in Wirklichkeit Schwächlinge, die für das Überleben in unseren rauhen Zeiten ohnehin nicht taugen? Ist nicht dieser scheinbar so pragmatische Ansatz, dem wir uns nicht entziehen zu glauben können, letztendlich ein weiteres Element von purem Darwinismus?

»Die Konzentration chemischer Verbindungen in unserer Umwelt hat zu einer wachsenden Beunruhigung der Gesundheits- und Umweltbehörden geführt. Praktisch alle diese Chemikalien können negative Auswirkungen auf die menschliche Gesundheit haben, ... entweder indirekt, daß zum Beispiel der Mensch empfindlicher wird gegenüber Krankheitskeimen, oder direkt, durch krebsauslösende Substanzen.«[5]

Das ist die Meinung der Weltgesundheitsorganisation WHO. Es handelt sich dabei auch um ein quantitatives Problem: Zwischen 1950 und 1980 stieg die Produktion organischer Chemikalien in der Bundesrepublik von zehn auf 500 Kilogramm pro Kopf der Bevölkerung.

Aber auch ein anderer Widerspruch scheint unauflösbar: Der Staat verbietet nicht etwa Stoffe, die unzweifelhaft Unheil gebracht haben, er regelt allenfalls ihren Umgang: Asbest ist noch immer im Verkehr. Er nimmt darüber hinaus aus dem Verkauf gesundheitsschädlicher und krebsauslösender Produkte, Tabak und Alkohol, jährlich Milliardensteuerbeträge ein, gibt sich hier plötzlich, wie er meint, liberal, will seine Untertanen nicht bevormunden.

Daß er mit dieser Politik der verschlossenen Augen und offenen Hände wiederum die Schwachen der Gesellschaft, die physisch wie psychisch Labilen trifft, scheint ihm nicht bewußt oder gleichgültig zu sein.

Und es muß, bitte schön, auch erlaubt sein, zu fragen, ob dieses ungezügelte Wachstum der Chemikalienbranche ein unabänderliches Naturgesetz ist, ob wir Hunderte, Tausende gleichartiger Farbstoffe zu unserem Glück brauchen. Ist das die Lebensqalität, die wir meinten?

Dabei ist es gar kein Geheimnis, daß der Markt von den Herstellern auch als geeignete Methode der Abfallbeseitigung angesehen wird. Wenn bei irgendeiner neuen Produktion ein Stoff anfällt, der als Abfall zu wertvoll erscheint, wird flugs ein neues Produkt daraus gemacht.

»Die sicherlich einfachste und beste Methode der ›Vernichtung‹ wäre der ordnungsgemäße Gebrauch«,[6] schreibt die Firma Celamerck, Hersteller u. a. von Pestiziden. Es gilt, Dämme zu bauen gegen die Chemikalienflut, die seit Jahrzehnten auf uns hereinbricht.

Chemiemüll muß ohnehin noch in ausreichendem Maße entsorgt werden. Das Abfallgeschäft blüht. Wir schicken unseren Zivilisationsdreck in die DDR, nach Polen oder Afrika, unseren abgebrannten Atommüll vielleicht demnächst in die Wüste Gobi nach China. Auch das ist eine Form der Entwicklungshilfe. Welch ein Abgrund! Und wir öffnen mit Begeisterung jede neue Pandorabüchse in der trügerischen Hoffnung, ihr Inhalt könnte uns mit einem Schlag die Lösung aller Probleme bescheren. Statt alte Probleme zu beseitigen, schaffen wir uns neue, Lemmingen gleich, die ihrem Unheil sehend entgegengehen. Es lebe die Selbstmordgesellschaft: Nur die Stärksten werden überleben!

Wir befinden uns, so gesehen, in einem akut mutativen Stadium der chemischen Forschung und Experimentierfreudigkeit. Wer weiß, wie die Kernphysik ihre Unschuld verlor, steht ratlos vor den Entscheidungen der Molekularbiologen, in verstärktem Maße genetische Manipulationen durchzuführen, Erbmoleküle maßzuschneidern. Der Mensch fordert die Natur heraus, beeinflußt die Evolution, gestaltet den Menschen nach seinen Idealen. Am Boden der Retorten wachsen synthetische Mikroben, Lebensformen von Menschenhand. Einige von ihnen könnten sich, einmal in Freiheit gelangt, womöglich als weitaus gefährlicher erweisen als alle bisherigen Keime, als Pest und Pocken, die in den letzten Jahrhunderten Millionen von Menschen dahinrafften.

Das größte Interesse haben die Militärwissenschaftler. Sie entwickeln genetische Waffen, obwohl das Genfer Protokoll von 1972 die Entwicklung von biologischen Kampfstoffen verbietet. Im Gespräch sind auch ethnische Waffen, die subtile genetische Unterschiede unter den Rassen ausnutzen. Die Ursprünge dieser Forschungen sind in den Rassenunruhen der amerikanischen Südstaaten in den sechziger Jahren zu suchen.

Natürlich versprechen die Methoden der genetischen Manipulation auch Verheißungen, wenn auch bedacht werden muß, daß sie in jedem Fall gravierende Eingriffe in die Natur bedeuten. Geplant ist,

Erbanlagen in Nutzpflanzen einzuschleusen, die sie befähigen, Stickstoff aus der Luft aufzunehmen anstatt aus dem Boden. Düngung würde dann überflüssig. Nicht wenige Wissenschaftler warnen vor derartigen ökologischen Vergewaltigungen – und es sind bei weitem nicht nur diejenigen, die in Diensten der Düngemittelindustrie stehen. Droht hier eine zweite Erbsünde? Muß hier Askese geübt werden, Forschungsverzicht?

Die an den Experimenten beteiligten Biochemiker wehren sich geradezu emphatisch gegen jedwede Einschränkung ihrer Versuche. Ihr Argument: Nicht die Erkenntnis selbst, sondern deren Anwendung sei das Problem. Nicht das Messer ist der Mörder! Für das Niveau von Kriminalromanen mag das Argument noch taugen. Als ob sich brisante Forschungserkenntnisse wie das Gold in Fort Knox in den Labors einschließen ließen. Die Blauäugigkeit dieser Einschätzung wird nur noch übertroffen von der Inbrunst, mit der man sie vertritt.

Verzicht sei Tabu, heißt es allenthalben, weil sich Forschung nie bremsen oder einengen lasse. Was getan werden muß, muß getan werden. Das klingt nach Oppenheimer.

Richtet sich die Forschung also gegen den Menschen? Wird, wie Bertold Brecht im *Leben des Galilei* schrieb, »der Jubelschrei über irgendeine neue Errungenschaft von einem universalen Entsetzensschrei beantwortet werden«? Wird, wenn der Applaus verstummt, die Euphorie erlischt, die Erkenntnis zum Knüppel, die Erleuchtung zur Waffe?

»Was uns da erwartet, bereitet mir schlaflose Nächte. Kaum ein Forscher will sich heute für das regreßpflichtig machen lassen, was morgen mit seinen Erkenntnissen geschehen könnte. Da gilt das Nach-mir-die-Sintflut-Prinzip.«[7]

So Salvador Luria, amerikanischer Biologe und Nobelpreisträger. Auch der Schweizer Forscher Paul Müller erhielt den Nobelpreis – 1948 für die Entdeckung des DDT. Darf man Chemiker verdammen, die Pestizide erfanden, ohne deren Umweltwirkungen zu ahnen? Sind solche Wissenschaftler Bösewichter oder Hanswürste, die aus Unwissenheit zu Schurken wurden?

Die Genforschung begründet ihren ungezügelten Wissensdurst, der absolut wertfreie Erkenntnisse zeitige, mit den Chancen, erbkranken Menschen, Kindern, Neugeborenen vor allem, durch Reparatur ihres defekten Gens zu einem menschenwürdigen Leben zu verhelfen. Selbst wenn kommerzielle Interessen hinter der Genforschung stehen – wer wollte diesem Anliegen die Moral absprechen?

Aber der Etikettenschwindel ist leicht zu durchschauen. Die Hoffnung, mit den Erkenntnissen dereinst den Schwachen zu helfen, ist, wie die Erfahrung lehrt, weitaus geringer einzuschätzen, als die Gefahr, daß neue Drangsale entstehen, daß neue Forschung auf diesem Gebiet nur neue Unterdrückung bedeutet. Diskriminierung scheint vorprogrammiert, nicht zuletzt, weil die Genforschung sich anschickt, das menschliche Erbprogramm zu entschlüsseln und die Kenntnisse gegen das Individuum zu nutzen.

Tatsächlich plädieren eine Reihe von Wissenschaftlern und Politikern für eine Neuorientierung, ein Moratorium. Was sie ängstigt, ist eine Verselbständigung der Selbstverständlichkeit, mit der heute Erkenntnisse gewonnen und umgesetzt werden, ohne die Folgen rechtzeitig, und das heißt vorher, zu überdenken. Hinterher ist man immer schlauer.

Muß es also Grenzen für die Wissenschaftsfreiheit, Begrenzungen für die chemische und biologische Forschung geben?

»Wir können heute mehr, als wir dürfen. Das wissenschaftlich sich ständig erweiternde Neuland auch ethisch zu beherrschen, ist eine unabdingbare, bisher nicht erfüllte Forderung. Die Wissenschaft selbst trägt hierzu eine maßgebliche Mitverantwortung.«[8]

So Bundespräsident Richard von Weizsäcker. Einem solchen Kurswechsel zu applaudieren, mag fast schon Mode sein. Den ungezügelten Forschergeist zu verdammen, liegt freilich nahe, wenn sich der angebliche Fortschritt so ersichtlich gegen den Menschen zu richten droht.

Ein Glück, nicht geboren zu werden?

Gegenüber den Kindern in der Dritten Welt sind selbst unsere Kinder stark. Denn sie sind satt. Schwach sind die Hungrigen.

Was ist mit den Kindern in der Sahel-Zone, am Horn von Afrika und in etwa zehn weiteren Regionen des schwarzen Kontinents? Sie leiden schwersten Hunger, bleiben dumm und krank. Das Schicksal eines von vier Kindern auf diesem Globus ist es, ein Leben lang nicht satt zu werden.

Was ist mit den Kindern in Indien und Bangladesh, deren Dörfer von Überschwemmungen heimgesucht werden? Was ist mit den Kindern in den Elendsvierteln Asiens oder Südamerikas? Was ist mit den Verdammten dieser Erde? Berührt uns deren täglich vorgeführtes Schicksal, nehmen wir Anteil, denken wir wenigstens nach?

Was ist mit den Kindern, die Kanonenfutter auf den Schlachtfeldern sind – erst in Vietnam, dann in Afghanistan, jetzt in Nahost? Kapseln wir uns ab gegen das Unrecht, weil wir wissen, daß es zum Himmel schreit? Oder gilt auch für jene, die vor Auszehrung oder im Kugelhagel sterben, das Recht des Stärkeren, das biologische Gesetz, daß nur der überleben und sich fortpflanzen darf, der dem Elend zu trotzen vermag?

Die Bevölkerung dieses Planeten wird von derzeit rund 4,5 Milliarden Menschen auf sechs Milliarden bis zum Jahre 2000 anwachsen; die jährliche Wachstumsrate dürfte in dieser Zeit nur unmerklich von 1,8 auf 1,7 Prozent zurückgehen. Fünf Milliarden Menschen werden um die Jahrhundertwende in den ärmsten Ländern der Welt leben. Die Überbevölkerung ist sowohl Multiplikator für alle bestehenden Probleme wie auch Ursache für ständig neue. Empfängnisverhütung findet zwar wachsenden Zuspruch, hält sich aber mit der gestiegenen Lebenserwartung und der verbesserten Krankheitsbekämpfung ein annäherndes Gleichgewicht. Im Bericht an den US-Präsidenten *(Global 2000)* hieß es 1980:

»Wenn sich die gegenwärtigen Entwicklungstrends fortsetzen, wird die Welt im Jahre 2000 noch überbevölkerter, verschmutzter, ökologisch noch weniger stabil und für Störungen anfälliger sein als die Welt, in der wir heute leben. Ein starker Bevölkerungsdruck, ein starker Druck auf Ressourcen und Umwelt lassen sich deutlich voraussehen. Trotz eines größeren materiellen Outputs werden die Menschen auf der Welt in vieler Hinsicht ärmer sein, als sie es heute sind.

Für Millionen und Abermillionen der Allerärmsten wird sich die Aussicht auf Nahrungsmittel und andere Lebensnotwendigkeiten nicht verbessern. Für viele von ihnen wird sie sich verschlechtern. Sofern es im Bereich der Technologie nicht zu revolutionären Fortschritten kommt, wird das Leben für die meisten Menschen auf der Welt im Jahre 2000 ungewisser sein als heute – es sei denn, die Nationen der

Welt arbeiten entschlossen darauf hin, die gegenwärtigen Entwicklungstrends zu verändern.«[9]

Das rapide Anwachsen der Bevölkerung in den Entwicklungsländern hat eine dramatische Abwanderung der Landbevölkerung in die Großstädte und deren Randbezirke zur Folge – mit allen sich daraus ergebenden Problemen der Wasserversorgung, Abwasserbeseitigung, Gesundheitspflege, Arbeitsplatzbeschaffung und Kriminalität. Mexico City wird bis zum Jahre 2000 von zehn auf 30 Millionen Menschen anwachsen, Kalkutta von acht auf 20 Millionen, Bombay von sieben auf 19 Millionen. Das Gros der Bewohner lebt schon heute in den Slums der Vorstädte, in denen die Verhältnisse katastrophaler sind, als wir Wohlstandsbürger es uns bei der Zweidimensionalität der Mattscheibe in unseren kühnsten Träumen vorstellen können. Krankheiten und Seuchen, so heißt es in *Global 2000*, werden die Bewohner der Elendsviertel dezimieren und somit »zu einer Verlangsamung des Städtewachstums führen.« Ein Glück, daß sich, wo das Elend herrscht, Krankheiten von allein einstellen? Wird unterlassene Hilfeleistung zum Gebot?

Die Einkommensunterschiede zwischen den wohlhabendsten und ärmsten Ländern werden sich weiter verstärken. Fast eine Milliarde Menschen leben im Jahre 2000 unterhalb des Existenzminimums, in absoluter Armut. Für die Industrienationen läßt sich ein Jahreseinkommen von rund 20000 Mark pro Kopf im Jahre 2000 errechnen, für die unterentwickelten Länder kaum mehr als 1200 Mark. Die Bewohner von Indien, Pakistan und Bangladesh werden auch dann noch weit darunter liegen, bei durchschnittlich 400 Mark im Jahr.

Die Nahrungsmittelproduktion dürfte um die Jahrtausendwende um 90 Prozent höher sein als 1970; aber auch die Preise werden sich – vornehmlich aufgrund steigender Energiekosten – mehr als verdoppeln. Das Problem resultiert aus sinkenden Anbauflächen: In den siebziger Jahren ernährte ein Hektar Ackerland im Durchschnitt 2,6 Personen; im Jahre 2000 müssen von der gleichen Fläche vier Personen satt werden.

Hungerbräuche sind demnach zu Beginn des neuen Jahrtausends mehr als je zuvor zu erwarten. In Zentralafrika beispielsweise werden 20 Prozent der Bevölkerung weniger als das von der

Welternährungsorganisation FAO berechnete tägliche Kalorienminimum haben. Die Zahl der unterernährten Menschen auf dieser Erde könnte von zur Zeit 6000 Millionen auf 1,3 Milliarden klettern.

Die Energieressourcen des Planeten werden auch im Jahre 2000 zu 98 Prozent in den Industrienationen verbraucht. Engpässe wird es aber viel eher beim Öl der armen Leute, dem Brennholz, geben. Für Ende des Jahrhunderts sagt die Global-Studie einen Fehlbestand von 650 Millionen Kubikmetern, das sind 25 Prozent des prognostizierten Bedarfs, vorher.

Die großflächige Rodung der Urwälder, einer makroskopischen Mutation vergleichbar, läßt in den nächsten zwei Jahrzehnten globale Klima-Veränderungen befürchten. Bis zum Jahre 2000 werden die Waldflächen in den unterentwickelten Ländern um 40 Prozent schrumpfen. Vor allem in Südasien, im Amazonasbecken und in Zentralafrika wird die Abholzung zur Verschlammung von Flüssen, Stauseen und Bewässerungsanlagen führen, außerdem zur Absenkung des Grundwasserspiegels. Weitere Folge: Rascher Wechsel zwischen Dürreperioden und verheerenden Überschwemmungen.

Die Anreicherung der Atmosphäre mit Kohlendioxid als Folge der Verbrennung fossiler Materialien (Erdöl, Kohle) dürfte einen merklichen Anstieg der Temperaturen bewirken. Daraus wird ein Abschmelzen der grönländischen und antarktischen Eiskappen und damit ein schrittweiser Anstieg des Meeresspiegels resultieren. *Global 2000* wörtlich: »Zahlreiche Küstenstädte müßten dann aufgegeben werden.«[9]

Eine weitere Konsequenz des Temperaturanstiegs infolge der Luftverschmutzung wäre die Ausbreitung der Wüsten, durch die bereits heute etwa sechs Millionen Hektar Acker- und Weideland jährlich verlorengehen, das ist in vier Jahren ein Gebiet von der Größe der Bundesrepublik. Bis zum Jahre 2000 ist sogar noch mit einer Beschleunigung dieser Entwicklung zu rechnen: Insgesamt zwei Milliarden Hektar sind in Gefahr, ein Areal von der Größe der Sowjetunion.

Die »Verwüstung« des Planeten wird auch vor den Industrienationen keinen Halt machen.

Hinzu kommt ein weiteres Problem: Die Landwirtschaft hungert sich selber aus. In den reichen Ländern hat ein Mehr an Kunstdünger, Pestiziden und künstlicher Bewässerung die zunehmende Verschlechterung der Böden durch die Monokulturen bislang auszugleichen vermocht. Die Konzentrierung der Landwirtschaft auf wenige Pflanzen- und Tierarten – 80 Prozent der Weltnahrung stammen von weniger als zwei Dutzend Spezies – hat darüber hinaus einen unersetzbaren Verlust genetischer Ressourcen zur Folge. Und die Rodung der Urwälder, die Umweltverschmutzung und die Asphaltierung der Natur sorgen für einen Rückgang der Arten, wie er in diesem Ausmaß in der Geschichte ohne Beispiel ist. Bis zum Jahre 2000 werden womöglich 2000 Arten, das sind 20 Prozent der noch auf diesem Globus beheimateten Pflanzen und Tiere, ausgestorben sein.

Aurelio Peccei, der inzwischen verstorbene Präsident des Club of Rome, jenes überparteilichen, internationalen Gremiums, das Anfang der siebziger Jahre erstmals deutlich auf die Grenzen des Wachstums hinwies, sieht zehn Jahre danach kaum noch einen Hoffnungsschimmer für diesen Stern:

»Die conditio humana ist bedroht. Wenn die Menschheit ihr selbstmörderisches Verhalten nicht ändert, dann können wir uns bald in die Rote Liste der bedrohten Arten eintragen. ... Die größte, absurdeste und unmittelbarste Bedrohung unserer Gattung ist aber die der Selbstzerstörung mit streng wissenschaftlichen Methoden. Verglichen mit anderen Gebieten wurden in der Waffentechnik nämlich unglaubliche Fortschritte erzielt. Ausgeklügelte Waffensysteme mit todsicherer Wirkung stehen bereit. Nach Vorhersagen von Spezialisten werden von jetzt bis zur Jahrhundertwende etwa vierzig Staaten die nötigen Kapazitäten und Einrichtungen besitzen, um der Atom- und Weltraumelite anzugehören.«[10]

Doch vielleicht sind auch Konflikte zwischen Süd und Nord, Kriege ums Sattwerden, wahrscheinlicher. Auseinandersetzungen als direkte Folge des neuen Kolonialismus mit Schnaps statt Reis, verbotenen Pestiziden und gefährlichen Medikamenten und todsicheren Waffen statt Brot.

»Denken Sie daran, wenn Nahrungsverweigerung und Appetitlosigkeit zum Problem werden, dann kann *Elotin-Vita* die Lösung sein. *Elotin-Vita* enthält Cyproheptadin, das den Appetit stimuliert, und eine wohlausgewogene Kombination der Vitamine A, B, C und D, die Heranwachsende besonders benötigen. Sie können *Elotin-Vita* entweder als Tablette oder als Sirup haben, je nach Vorliebe des Patienten.«[11]

Anzeige für ein Arzneimittel in einer medizinischen Fachzeitschrift – in Indonesien. Auf dem dazugehörigen Foto ist ein Junge zu sehen, der einen riesigen »Hamburger«, Symbol für amerikanische Fast-Food-Ernährung, anstarrt. Ob die Heranwachsenden in Indonesien Probleme mit Appetitlosigkeit haben?

»Die Gesundheitssituation Indonesiens wird charakterisiert durch eine hohe Kindersterblichkeit, eine große Häufigkeit von übertragbaren Krankheiten. Niedriges Ernährungsniveau und zusätzliche Infektionskrankheiten sind Ursachen, die wesentlich zur Säuglings- und Kindersterblichkeit beitragen.«[12]

So die Weltgesundheitsorganisation in Genf. Rund ein Drittel der indonesischen Bevölkerung, mindstens 50 Millionen Menschen, sind als unterernährt einzustufen. Der Wirkstoff Cyproheptadin wird in den USA nur bei allergischen Reaktionen empfohlen, jedoch nicht bei Appetitlosigkeit. Er soll überdies nicht bei Neugeborenen angewendet werden. Diese Zusatzinformationen sind in den USA behördliche Auflage, werden indonesischen Ärzten jedoch vorenthalten.

Auch anderswo in der Dritten Welt, in Kolumbien zum Beispiel, werben Pharmakonzerne für Abmagerungsmittel und Appetitzügler. Das deutsche Unternehmen Pharma-Merz preist dort ihr Mittel für den »natürlichen Weg zur Schlankheit«.

Der Zynismus ist grenzenlos. Absatzmärkte erfordern harte Bandagen. Skrupellosigkeit allein verspricht satte Gewinne. An der Spitze der Bilanz stehen allemal bundesdeutsche Unternehmen, steht die »Apotheke der Welt«, wie sich der Bundesverband der Pharmazeutischen Industrie zu bezeichnen pflegt. Für insgesamt 6,4 Milliarden Mark führten die Firmen 1981 Medikamente aus, jene Präparate, die von Tochterunternehmen vor Ort produziert werden, nicht eingerechnet,

Man arbeite »so ethisch wie möglich«, richte sich überdies nach den Bestimmungen der Regierungen, heißt es. Es gilt eine doppelte Moral, je nach Breitengrad. Was bei uns verboten ist, kann bei den »Bimbos« noch Geld machen.

Wer Arzneimittel herstellt, produziert zumeist auch Pestizide. Die Bayer AG gilt als der größte Produzent weltweit. Das Leverkusener Unternehmen vertreibt DDT und Heptachlor, hierzulande verbotene Schädlingsbekämpfungsmittel, darüber hinaus Parathion

(E 605) und Paraquat in Mittel- und Südamerika; betreibt eigene Pestizidfabrikationen in Brasilien, Indien und auf den Philippinen.

Es wird geschätzt, daß jährlich über 350000 Menschen in den Entwicklungsländern Pestizid-Vergiftungen davontragen, fast 10000 an den Folgen sterben.

»Einige der großen Baumwollfirmen haben ihre eigenen Kliniken, zum Teil auch deswegen, damit die Gesundheitsbehörden nichts von den ernsthaften Vergiftungen erfahren.«[14]

So steht es in einem Untersuchungsbericht des »Central American Institute of Investigation and Industrial Technology.« Und Lou Falcon, Wissenschaftler an der University of California und jahrelanger Beobachter in Mittelamerika, schreibt:

»Die Leute, die auf den Feldern arbeiten, werden wie Untermenschen behandelt, wie Sklaven. Zwar können sie die Region verlassen, in der der Giftregen niedergeht. Aber dann bekommen sie nicht ihre sieben Cents pro Tag. Oft leben sie mitten auf den Feldern, so daß ihre Hütten, ihre Kinder, ihre Nahrungsmittel vergiftet werden.«[14]

Der Deutsch-Brasilianer José Lutzenberger, jahrelang bei der BASF tätig, bevor er die Fronten wechselte und als Landwirtschaftsberater in Porto Alegre zu arbeiten begann, nennt die Branche »eine multinationale Pestizidmafia« – ungestraft und nun schon seit Jahren.

Michel Mercier, bei der Weltgesundheitsorganisation WHO für das traurige Kapitel Pestizidexport in die dritte Welt verantwortlich, sieht das ähnlich:

»Kürzlich erfuhr ich, daß in Samoa, in Polynesien, das Pflanzenschutzmittel Paraquat aus völliger Unkenntnis als Schädlingsbekämpfungsmittel gegen Läuse eingesetzt wurde. Es war nur einfach als Pestizid deklariert. Man spritzte einige Schulen damit, und natürlich starben die Kinder – wie die Läuse.«[15]

Wer nicht den Gifttod stirbt, stirbt womöglich an Trunksucht. Die Großkonzerne haben die Dritte Welt längst als Absatzmarkt entdeckt. Zuerst importierte man, dann baute man Zweigwerke auf. Der Alkoholkonsum in den Slums stieg kontinuierlich – in Sambia zum Beispiel von 42 Litern pro Kopf der Bevölkerung im Jahre 1961 auf 150 Liter 15 Jahre später. Der Umsatz kletterte mit: zwischen

1970 und 1980 von 850 Millionen auf 3,4 Milliarden Mark pro Jahr. So berechnete die Weltgesundheitsorganisation WHO. Sie macht eine Handvoll internationaler Getränkehersteller und deren Vermarktungsmethoden für den Export der Sucht verantwortlich.

Gegenüber dem Export an Waffen sind diese Beträge allerdings kaum der Rede wert. Zwischen 30 und 40 Milliarden Mark werden jährlich weltweit für den Ankauf von Waffen ausgegeben. Mit jeweils einem Drittel stehen die USA und die UdSSR an der Spitze. Nach Frankreich und Großbritannien exportieren bundesdeutsche Waffenschmieden mit Waffen im Wert von einer Milliarde Mark drei Prozent allen Kriegsmaterials. Vorwiegend nach Afrika und Lateinamerika. Natürlich dort nur in konfliktfreie Zonen, wie es heißt.

Alle Importländer sind souverän, also selbst verantwortlich für ihre Zukunft. Dürfen wir denen, die sich mit unseren Chemikalien vergiften, mit unseren Alkoholika betäuben, mit unseren Panzern erschießen wollen, die Mittel dazu verweigern? Sind wir verantwortlich für das Schicksal der Dritten Welt oder sind die Entwicklungsländer selbst verantwortlich? Oder anders gefragt: Ist es zynisch, Waffen und Gifte als Regulative des Bevölkerungswachstums, als Ersatz für Seuchen und Epidemien zu sehen?

Das Szenario läuft auf ein atomares Desaster hinaus. Der Waffenberg muß verschrottet werden. Ist der atomare Holocaust also Teil einer unabänderlichen selbstzerstörerischen Entwicklung? Gibt die Katastrophe globaler Dimension eine Chance, die Chance eines Neuanfangs, weil sich die Probleme nicht mehr einzeln, sondern nur noch radikal mit einem Schlag ändern lassen?

Rüstungswettlauf und Militarisierung laufen letztendlich auf eine solche Endlösung hinaus – und sei es nur aufgrund eines atomaren Schlagabtausches aus Versehen. Die militärischen Ausgaben erreichen schwindelerregende Höhen, die Vernichtungskapazität der Waffen nimmt immer furchterregendere Ausmaße an, Abrüstungsverhandlungen, selbst das Einfrieren des Potentials, liegen in weiter Ferne. Die Vernichtungsmaschinerie kennt keine Wachstumsgrenzen. Warum sollte sie ein Erbarmen kennen?

Auch nach der Sintflut ist Leben

Ist der Selbstmord also unausweichlich? Wie groß muß ein Schock werden, um heilsam zu sein?

»Wir sind in ein Stadium unserer Kultur getreten, wo man uns einen klaren und recht hohen Preis für unsere Art zu leben abverlangt. Und mehr noch: Es ist deutlich, daß wir den Konsum, den Luxus, den wir in den Industrienationen entwickelt haben, nicht fortsetzen können, und daß weltpolitische Auseinandersetzungen mit der Dritten Welt ... unvermeidlich sind.«[16]

So der Sozialmediziner Hans Schaefer. Wo sind die Wege aus der Sackgasse? Wem gelingt es, das scheinbar Unabwendbare doch noch abzuwenden? Die Politiker der westlichen Welt sind ihrer Ideologie verhaftet, ihrer Überzeugung, aber auch ihren Privilegien. Es fehlt an einer neuen Dimension moralischer Verantwortung. Es fehlt an Gattungsbewußtsein, wie Aurelio Peccei glaubt:

»Dieser entscheidende Instinkt, der die Triebkraft allen Lebens ist, hat sich bei uns ein wenig abgeschwächt, denn wir leben von Geburt an wohlbehütet in einer künstlichen Umwelt.«[10]

Pecceis Hoffnung ist »eine Art Bürgerwehr aus Aktivisten und Reservisten, die eine ähnliche Funktion erfüllt wie die Antikörper, die sich bilden, um in einem kranken oder von pathogenen äußeren Faktoren bedrohten biologischen Organismus wieder normale Bedingungen herzustellen. Die Existenz so vieler spontaner Gruppen und Grüppchen zeugt von der Vitalität, die unseren Gesellschaften, trotz der Krise, die sie durchlaufen, eigen ist. Man müßte eines Tages Mittel und Wege finden, um die verstreuten Bemühungen all dieser Gruppen auf strategisch wichtige Ziele hin zu orientieren.«[10]

Hans Schaefer stimmt eher ein pessimistisches Lied an, kann Moral, gepaart mit Klugheit, nirgendwo entdecken. Er hofft dennoch:

»Derzeit sieht es mit der menschlichen Klugheit schlimm aus. Wir fordern mehr Wachstum, weil wir mehr Komfort in der Gegenwart fordern, ohne Rücksicht auf den zu zahlenden Preis. Dieser Preis ist nicht in volkswirtschaftlichen Dimensionen zu erreichen. ... Dieser Preis heißt klar und brutal Krankheit, Existenzbedrohung.

Man könnte hoffen, daß die Menschen, die in ihrer kollektiven Gedankenlosigkeit, als anonyme Masse, Konsum fordern und fördern, die Erde plündern,

Krankheiten erzeugen und Wüsten erschaffen, daß diese Menschen zu einem Akt kollektiver Klugheit erwachen.«[16]

Vielleicht nach der Katastrophe. Am Tage danach.

Depression macht sich breit, Resignation wird deutlich spürbar. Sie kann nur immer wieder abgelöst werden von Hoffnung, blinder Hoffnung, daß es immer irgendwie weitergegangen ist, weitergehen muß, weitergehen wird. Nach den Segnungen, dem Wohlstand, nun der Suizid. Und nach dem Suizid der Wiederaufbau, der Neuanfang, das Leben aus der Asche. Wir leben in einer Zeit der Vorbereitung auf den Frieden nach dem Krieg. Wir planen die Wiederaufforstung der Industrienationen mit säurefesten Bäumen. Wir sammeln das Genmaterial hochwertiger Pflanzen, die vom Aussterben bedroht sind. Wir horten, tiefgefroren, befruchtete Eizellen seltener Tierarten, die alsbald nicht mehr auf diesem Planeten leben werden. Wir vergraben Zeugnisse unserer Kultur, schicken Sonden mit Beweisen menschlicher Existenz in die Tiefe des Universums, um dereinst den Überlebenden und den Außerirdischen Nachricht zu geben vom ehemaligen Antlitz unserer Kultur.

Wir denken nach über ein Leben nach dem Atomtod. Wir bauen Bunker, reservieren uns Plätze auf der Tribüne des Weltgeschehens, in Australien und Neuseeland. Wir konservieren Eizellen und Sperma, auf daß unsere Söhne und Töchter gezeugt werden können, wenn alles vorbei ist. Es gilt das Arche-Noah-Prinzip: In Sicherheit bringen, was zu retten lohnt. Denn nach dem Sturm kommt die Ruhe, nach der Sintflut kommt das Leben. Wenn es so ist, wie Oswald Spengler glaubt, daß Aufstieg und Fall einer Gesellschaft vorgezeichnet sind, dann fragt sich nur noch, ob auch nach diesem Fall der Aufstieg vorprogrammiert ist.

»Wenn sich jemand nach einem atomaren Großangriff tief genug unter der Erde verbergen und dort lange genug ausharren würde, um zu überleben, würde er, an die Oberfläche zurückgekehrt, eine sterbende Umwelt vorfinden. Die Umwelt nämlich wäre einem Atomangriff schutzlos ausgeliefert. ... Kein Erdloch ist groß genug, um die Natur darin zu verbergen.«[17]

Oder doch? Genetische Banken mit dem Erbmaterial aller Spezies lassen sich strahlensicher einrichten. Und überdies könnte sich erweisen, ob nicht vielleicht doch die eine oder andere Art eine wesentlich höhere Strahlenresistenz besitzt, als man erwarten würde.

Bei einem atomaren Schlagabtausch zwischen Ost und West mit rund 15000 atomaren Sprengkörpern, so das Ergebnis einer internationen Studie, würden in weniger als 24 Stunden in der nördlichen Hemisphäre 750 Millionen Menschen sterben, 350 Millionen schwer verletzt. Das heißt aber auch: Millionen würden überleben. Ist der totale Krieg nicht total genug? Kann die Menschheit, wenn auch vielleicht nicht die westliche Kultur, weiter existieren? Böte die nördliche Halbkugel nach einigen Jahrzehnten radioaktiver Verseuchung womöglich den Ländern der Dritten Welt, dem Großteil der Überlebenden, neuen Lebensraum, darüber hinaus den Heimkehrern aus dem Südpazifik? Wären die Sklaven plötzlich die Herren dieses Himmelskörpers?

Und die Umwelt? In ihrer Studie ging das internationale Expertenteam davon aus, daß alle Pflanzen verseucht würden, damit auch die Nahrungskette. Jonathan Schell schreibt: Radioaktivität »verseucht . . . die Umwelt von innen her.« Geschützt wären lediglich die Fische am Grunde der Ozeane. Kommt das Leben nach dem Tod wieder aus dem Meer?

Neben den Fischen hätten Nagetiere die größten Widerstandskräfte gegen Strahlungen, könnten sich infolge der Vernichtung ihrer Feinde überdies rasch vermehren. Nach dem atomaren Holocaust ein Planet der Ratten?

»Nach dem Absterben der Vegetation würde der Boden abgetragen werden. Durch die Erosion des Erdreichs würde das Leben in Seen, Flüssen und Meeresbuchten weiter beeinträchtigt werden: Die Mineralien, die in die Wasserläufe gespült würden, hätten eine sogenannte Eutrophierung zur Folge – die Überversorgung der Gewässer mit Nährstoffen, die wiederum zu vermehrtem Wachstum von Algen und Mikroorganismen und schließlich zur Verminderung des Sauerstoffgehalts des Wassers führt. Kurzum, bei einem atomaren Großangriff gegen die Vereinigten Staaten würde die natürliche Umwelt derart verwüstet, wie dies seit frühen Erdzeitaltern nicht mehr geschehen ist. Die Wahrscheinlichkeit ist groß, daß die USA nur noch ein Staat der Gräser und Insekten wären.«[17]

Das Schicksal der Erde? Die Zerstörung der Industrieanlagen und städtischen Ballungsgebiete hätte über Monate eine dichte Wolkenbildung aus Staub zur Folge, die die Oberfläche verdunkelt. Ohne ausreichende Sonnenstrahlung gingen die Ernteerträge, wo nicht ohnehin verseucht, erheblich zurück.

Es wäre zu fürchten, so heißt es schließlich in der internationalen Studie, daß nach einem Atomkrieg autoritäre Regierungen eingesetzt und diese den Wiederaufbau organisieren würden. Krieg bedeutet Frieden.

Angst ist Glück

»Vor dem Geschrei, ja dem Erbrechen darf niemand kapitulieren, denn wir wissen: Die Angst des Kindes ist in erster Linie Erwartungsangst; sie vergeht, sobald die ... Maßnahmen kompromißlos durchgeführt werden.«

(F. Lust und M. v. Paundler,
Pädiatrische Diagnostik und Therapie, 1982)

»Wir können uns von unserem wachsenden Wissen dazu hinreißen lassen, den Menschen auf bislang ungeahnte Weise zu versklaven, zu entpersönlichen, zu steuern und zu lenken, mit so ausgeklügelten Techniken, daß er vielleicht nie bemerkt, wie sehr ihm jede Individualität abhanden gekommen ist.«

(Carl R. Rogers,
humanistischer Psychologe)

Zu viele ängstliche Fragen

Angst geht um im Lande, Endzeitstimmung. Eine deutsche Wehleidigkeit, die sich durch die Geschichte ziehe, sagen die einen, eine schon krankhafte Furcht vor der Zukunft. Ein neuartiges, eher diffuses Unwohlsein, diagnostizieren die anderen, eine tiefe Gemütskrise ohne Hoffnung auf Linderung. *No future?*

Die Stimmungslage der Nation, aber auch anderer westlicher Industriegesellschaften, ist miserabel. Katzenjammer macht sich allenthalben breit, Lebensmut kommt allerorts abhanden. Gehen wir des »Prinzips Hoffnung« verlustig, gehen wir schwermütigen Zeiten entgegen? *Apocalypse now?*

Oder aber ist Angst der beste aller Ratgeber? Der Schmerz der Seele ist biologisches Prinzip, ist alarmierendes Warnsignal. Angst kann blind machen, aber auch Wege aus dem Tunnel aufzeigen. *Fürchtet Euch?*

»Kaum einer bleibt von Angst verschont. . . . Es ist Angst vor Arbeitslosigkeit, vor der Möglichkeit eines Krieges, Angst vor dem Rüstungswettlauf, vor nuklearen Waffen, Angst vor Verbrechen, vor der Zerstörung der natürlichen Umwelt und der natürlichen Lebensbedingungen. Es gibt eine vielfältige Angst, als einzelner selbst den Gefahren nicht gewachsen zu sein. Es gibt eine zunehmende Angst, daß unsere Gesamtgesellschaft, daß unser Staat oder seine Führung die notwendigen Einsichten und die nötige Entschlußkraft nicht haben könnten, mit den Gefahren richtig umzugehen, sie einzuengen und sie zu vermeiden. Diese Angst ist heute in fast allen Ländern Europas, an fast allen Orten Nordamerikas in ähnlicher Weise gegeben.

Die Angst dehnt sich aus. Viele Menschen fühlen sich Entwicklungen ausgeliefert, die sie nicht durchschauen können. Auch jenseits unserer Grenzen befürchten sie, Führungspersonen anvertraut zu sein, die die Gefahren nicht durchschauen und nicht richtig damit umgehen können – wobei manche Führungspersonen *auch* des Westens diese Furcht zu erheblichem Teil durchaus selbst verschuldet haben, zum Beispiel durch die vorgetäuschte, scheinbar furchtlose Forschheit in der Behandlung objektiver Gefahren.«[1]

Eine nachdenkliche Analyse. Ihr Urheber: Helmut Schmidt, fast ein Jahrzehnt Bundeskanzler der Bundesrepublik Deutschland. Aber Schmidt hat als Regierungschef selbst zu diesen Führungspersonen gezählt, die den Eindruck »furchtloser Forschheit« vermittelten. Er setzte Angst mit Schwäche gleich – eine Eigenschaft, die »Machern« nicht gut zu Gesicht steht, auch wenn die Stimmung der Nation an seinem Mundwinkel ablesbar gewesen sein soll. Gilt Bangemachen wirklich nicht?

Seit der Wende wird wieder mehr gelacht – und nicht einmal mit zusammengebissenen Zähnen. Die Konservativen tragen die Überzeugung vor sich her, neue Männer brauche das Land, nicht Klagen über die allgemeine Misere, sondern Hoffnung, Vertrauen und Mut. Hat alles, dem Zeitgeist zum Trotz, doch noch einen Sinn? Ist Zuversicht ein probates, heilendes Antibiotikum gegen die schleichende Volksseuche, die zunehmend die Menschen befällt, oder wird Optimismus zum Selbstbetrug, zur Lüge gar?

Welcher Politiker hat jemals öffentlich bekannt, ratlos zu sein, Zukunftsangst zu haben, Angst, an der Aufgabe zu scheitern, diese ins absehbare Unheil stürzende Welt vom Abgrund zurückzudrängen – und sei es nur ein Stückchen weit? Keiner wagt auszusprechen, nur Verwalter des Untergangs zu sein, sich vielleicht längst mit der Verlangsamung des Absturzes als politischem Ziel zufrieden zu geben. Wer gewohnt ist, in Legislaturperioden zu denken, findet kaum noch Fixpunkte über den Tag hinaus. Und düstere Perspektiven taugen zudem nicht, die Wiederwahl zu sichern. Der Mensch lebt nicht vom Brot allein, er braucht die Hoffnung, und sei sie nur ein schwacher Keim, er muß sich Mut machen können, alles werde besser – mit der Umwelt, der nuklearen Konfrontation, vor allem aber seinem Wohlstand.

Oder ist die Depression gar nur fremdverursacht, von außen induziert? Ist Angst nur ein böses Hiobs-Geschäft, ein Appell an niedere Instinkte, wie man uns immer wieder glauben machen will?

»Ich glaube, daß ein ... Teil der ›Schuld‹ bei den Medien liegt. Ihre Auffassung der Berichtspflicht liefert uns ein ungeheures Maß von Bildern und Nachrichten von

Katastrophen, Kriegen und Kalamitäten aus allen Ecken der Welt vor Augen, wie es so massiv niemals einer vorangegangenen Generation geschehen ist«.[1]

So Helmut Schmidt. Ist Angst also nur ein Zusammenprall schrecklicher Informationen im Limbischen System? Eine Unfähigkeit jener Gehirnpartien, die für Mut und Angst, Liebe und Aggression zuständig sind, einfließende Negativ-Nachrichten an der objektiven Wirklichkeit zu messen?

Oder ist Angst eher die Summe des täglichen Frusts, der wachsenden Unfähigkeit, zu genießen, zu leben, zu spielen? Gibt es eine lineare Beziehung zwischen Angst und unserem materiellen Sättigungsgrad, gekennzeichnet durch die Furcht, daß dem Streben nach Zweitfernseher, Zweitwagen, Zweiturlaub, Zweitwohnung eine natürliche Wachstumsgrenze gegeben ist? Hat die Suche nach dem vermeintlichen Paradies manche Sorgen betäubt, die jetzt plötzlich zutage treten, wo es erreicht zu sein scheint? Herrschen im Schlaraffenland Perspektivlosigkeit, Verzweiflung, Vereinsamung, Entfremdung, fehlende Möglichkeiten zur Selbstverwirklichung?

Angst vor Leere und Langeweile bestimmen die heutige Zeit. Zur Betäubung der Ängste ist Angstmachendes gerade recht: Horrorvideos, Achterbahnen, Vergnügen an Gewalt und Sucht nach Ungewißheit. Abenteuer-Urlaube haben Konjunktur. Die Sehnsucht nach Nervenkitzel erweist sich als zeitgemäße Form, Perspektivlosigkeit, Furcht vor Einsamkeit, Isolierung, zu verdrängen.

Stärker geworden ist aber auch das Bedürfnis nach einer Scheinwelt, nach Tagträumen. Märchen erleben eine Renaissance, Zirkus steigt in der Gunst des Publikums. Die Unwirklichkeit bekommt eine neue Arena. Doch die diffuse Lebensangst läßt sich nicht auf Dauer ausbooten, weder mit ängstigender noch mit phantastischer Ablenkung. Wenn sie hervorbricht, verlangt sie nach Sündenböcken, meist den Schwächeren, oft den Ausländern; Angst ist wahrlich kein Lehrmeister für Toleranz, Angst ist dagegen immer ein Zeichen von Schwäche. Und Schwäche darf heute niemand offen zeigen. Daraus resultiert die groteske Situation, daß immer mehr Menschen Angst haben, aber auch immer mehr ein fröhliches Lied intonieren. In ihrer Angst und Hilflosigkeit klammern sich immer mehr an den Strohhalm, alles werde sich zum Guten wenden, die Obrigkeit lasse die Untertanen in ihren physischen Existenznöten nicht im Stich.

Andererseits sind da noch die Robusten, die notorischen Optimisten, die keine Ängste haben oder diese Schwäche wenigstens blendend zu vertuschen wissen. Die beiden amerikanischen Mediziner Klaus Heilmann und John Urquhat gehören zum Beispiel dazu. Sie schreiben:

»Wir können die Gegenwart nur bewältigen und die Angst vor der Zukunft ertragen, wenn wir kritische Gelassenheit zeigen und Vertrauen in die Vernunft und Moralität der verantwortlichen Handelnden haben. . . . Es sind Lebenserfahrungen, daß kein Mensch ohne Probleme leben kann und daß allein die Bewältigung von Problemen eine Selbst- und Weiterentwicklung garantiert. Und jene Probleme, die wir heute schaffen und unseren Kindern hinterlassen, müssen von diesen bewältigt werden. . . . Freuen wir uns daher an der Gegenwart, haben wir Vertrauen in die Grundkräfte des Menschen und somit Zuversicht für die Zukunft.«

Das ist die rechte Lebensphilosophie. Laissez faire: Kommt Zeit, kommt Rat. Aufbruch- nicht Abbruchstimmung ist angesagt.

Schließlich ging es uns noch nie so gut wie heute. Das ist eine allzu vordergründige Analyse, nur rosa Tünche, durch den famosen Ausspruch des früheren Bundestagspräsidenten Richard Stücklen entlarvt, »der Geist der ersten Nachkriegszeit« müsse wieder »Allgemeingut« werden. War der Gemütszustand, das allgemeine Wohlbefinden, damals etwa besser als heute?

Sicherlich: Generationen haben von dem Zustand geträumt, den wir erreicht haben: Es gibt keine Hungersnöte, keine Seuchen mehr; die Säuglingssterblichkeit ist zurückgedrängt worden; die Lebenserwartung erheblich gesteigert; wir fühlen uns frei von obrigkeitsstaatlicher Herrschaftswillkür, erlöst vom Zwang der Traditionen und Tabus. Wir glauben, selbst entscheiden zu können, ohne Fesseln und Bindungen. Dies scheint uns tatsächlich der freiheitlichste Staat, der je auf deutschem Boden existierte.

Ist unsere Angst demnach irrational, eine psychosoziale Verwirrung, eine krankhafte Phobie? Gehört diese Gesellschaft auf die Couch des Psychotherapeuten, gehört sie therapiert, von einem Trauma befreit?

Oder aber ist die totale Freiheit der Leistungs- und Verbrauchsgesellschaft nicht der höchste Grad der Freiheit für den Menschen, für den Einzelnen? Schlägt der Befreiungsprozeß, ad infinitum fortgesetzt, in neue Abhängigkeiten um?

Viel ist über den Konsumbürger als Sklaven gesprochen worden. Züchtet diese Freiheit Schwermut? Ist das Ende des fortwährenden Kampfes für *mehr* Freiheit, das Ende der inneren Mobilmachung unserer Antriebskräfte, eigentliche Quelle der jetzigen Krise?

Ist, so gesehen, das Leben ohne persönliches existentielles Risiko Ursache der Depression, die uns heute kennzeichnet? Haben wir größere Furcht vor der Gewißheit, daß alles für uns geregelt wurde, vor dem vermeintlichen Automatismus, als vor der Ungewißheit, die die eigentliche Herausforderung darstellt? Leben wir oder werden wir gelebt?

Andererseits: Die zentralen politischen Vorstellungen und Konzeptionen erleben einen Zusammenbruch: Der Sozialstaat, das immerwährende Wachstum, haben sich als endlich erwiesen. Auch andere Orientierungspunkte gehen verloren: der Glaube an den technischen Fortschritt und die Friedenssicherung durch Abschrekkung vor allem. Verwirrung, Hilflosigkeit, Wut über enttäuschte Hoffnungen sind die Folge. Und die Politiker üben sich im bloßen Krisenmanagement.

Hunderttausende gingen für den Frieden auf die Straße, in dem sie ihre Angst vor Krieg bekundeten. Die Sicherheit steige mit dem Maß der Aufrüstung, wird ihnen entgegnet, als sei die im Gleichschritt eskalierende Angst in Ost und West der beste Garant für den friedlichen Status quo.

Machen wir uns also Mut, betäuben wir die Sorge, Atomraketen könnten dereinst außer Kontrolle geraten und den Globus in ein Inferno verwandeln?

»Wie geht es Ihnen?« »Danke der Nachfrage, mir geht es leidlich – ich habe Angst!«

»Ich habe keine Angst«, singt Milva, »ich kann neuerdings nur nicht mehr schlafen.«

»Noch immer haben die Sicherheitspolitiker an der Macht nicht begriffen, daß es in der gegenwärtigen Friedensdiskussion um mehr geht als um die richtige Verhandlungsstrategie in Genf. Wenn Hunderttausende von Kriegsängsten geplagt auf die Straße gehen, von denen nicht wenige glauben, daß der Weltuntergang im Atomkrieg unmittelbar bevorsteht, muß man sich Gedanken machen über den inneren Zustand dieser Gesellschaft.«[3]

So die Friedensforscherin Ute Volmerg.

Auch der Züricher Sozialpsychologe Gerhard Schmidtchen sorgt sich um den inneren Zustand dieser Gesellschaft, sieht »Angst ... überall da, wo die Moral nichts mehr gilt.« Moralischer Konsens erhöhe die Verhaltenssicherheit. Wenn es stimme, daß die Menschen aus Defiziten lernen, werde es eine steigende Nachfrage nach Moral, vor allem unter den Jugendlichen geben, sagt Schmidtchen:

»Das Bild von der Unbekümmertheit der Jugend muß offenbar gründlich revidiert werden. ... Die Jahrgänge ab 1953 bis 1968 erweisen sich als besonders sensibel gegenüber Problemnachrichten aus der Gesellschaft. ... Die besonders ängstlichen Jahrgänge sind diejenigen, die in einer Zeit erzogen worden sind, in der die Eltern den Kindern zum ersten Mal wieder eine geschützte Welt voller Harmonieerwartungen bereiten konnten. Aus Liebe zu ihren Kindern haben sie eine frustrationsanfällige Generation geschaffen.«[4]

Also Verzicht auf Harmonie in der Familie? Statt dessen adäquate Vorbereitung auf die Brutalität des Lebens? Erziehung zur Ellenbogenmentalität mit einer nützlichen Härte im Kampf um den Platz an der Sonne? Wenn dies die neue Moral ist, die der Sozialpsychologe im Auge hat, dann ist es die Moral des Sozialdarwinismus!

Eine solche Bekämpfung der vermeintlichen Angstpsychose scheint auf wachsenden Zuspruch zu stoßen. Sind wir zu Angsthasen erzogen worden, zu untauglichen Mitgliedern der Gesellschaft, die Trübsal blasen, ihr Heil in Sekten oder Drogen suchen, die aussteigen, aus der Gesellschaft – oder sogar aus dem Leben? Erwächst aus der rebellierenden Jugend der sechziger Jahre eine Generation der gewalttätigen Jugend, gegen andere und gegen sich selbst?

400000 Gewalttätigkeiten gegen Kinder in Familien werden heute in der Bundesrepublik pro Jahr registriert. Sind wir also auf dem richtigen Weg? Wozu zum Frieden erziehen? Der CSU-Bundestagsabgeordnete Franz Ludwig Schenk Graf von Stauffenberg weiß, was Friedensbewegung und Pazifismus tatsächlich bedeuten:

»Das ist, aus lauter Angst davonzulaufen und die eigenen Kinder aus der eigenen Angst heraus den Kommunisten in den Rachen zu werfen.«

Also kämpfen? Und zum Kämpfen erziehen? Zu den Fahnen, an die Gewehre?

»Unsere Kinder brauchen die Fähigkeit zur Gewalt..., um ein Bajonett dem Feind in den Hals zu rammen, ... um fähig zu sein, einen Mann mit einem Maschinengewehr auseinanderzunehmen.«[6]

Dies ist die Meinung einiger in der Bundesrepublik stationierter amerikanischer Soldaten, die sie in ihrer Zeitschrift *Stars and Stripes* veröffentlichten. Sie nennen die Kritiker von Gewaltdarstellungen in Fernsehen und Video »jammernde Idioten, Muttersöhnchen, die vorgeben, Soldaten zu sein. ... Wir sollten unsere Kinder mit Gewalt auf dem Bildschirm versorgen, um sie für eine Zukunft in einer gewalttätigen Welt vorzubereiten.«[6]

Tür zu, Licht aus, unter Umständen schreien lassen

Wer nicht kämpfen will oder kann, steigt aus. Die Selbstmordhäufigkeit bei Kindern ist zwischen 1971 und 1981 um 23 Prozent gestiegen, bei Jugendlichen über 15 Jahren um zehn Prozent. Bei den Heranwachsenden steht der Suizid an zweiter Stelle der Todesursachen – nach den Unfällen. Manche Selbsttötungen werden dabei als Unglücksfälle registriert; die Dunkelziffer liegt also erheblich höher.

Nach Untersuchungen der Münchner Sozialpsychologen Rainer Döbert und Gertrud Nunner-Winkler gibt es eine Reihe von Motiven für Selbstmorde unter Kindern und Jugendlichen: Krach mit den Eltern, schlechte Schulnoten, Minderwertigkeitsgefühle, keine Lebensperspektive. Über mehrere Stufen steigere sich die Motivsituation bis zur sozialen Isolation und Verzweiflung. Jemand, der dem Leben aktiv zugewandt ist, der Möglichkeiten zur Veränderung seiner Umwelt sieht, ist weit weniger gefährdet als derjenige, der sich selbst so einschätzt, als wäre er dem Leben hilflos ausgeliefert.

Die Hilflosen, die Schwachen, so scheint es, sehen die Selbsttötung als einzigen Ausweg. Außenseiter und Sonderlinge, die nicht im Klassenverband integriert sind, gelten als die größte Risikogruppe.

Die Ursachen für den Suizid eines Heranwachsenden sind fast immer in einem gestörten Eltern-Kind-Verhältnis zu suchen.

Diejenigen Jugendlichen weisen dabei ein höher entwickeltes Motivverstehen auf, die bei Eltern aufgewachsen sind, die ihre Auseinandersetzungen in einem sogenannten »symmetrischen Konfliktstil« austragen, symmetrisch insofern, als beide Partner gleichermaßen zum Zug kommen und beide wechselseitig versuchen, sich aus den depressiven Phasen zu befreien. Rainer Döbert sagt:

»In einem Elternhaus dagegen, in dem – in der Form des asymmetrischen Konfliktstils – bereits von vornherein feststeht, wer die Macht und somit Recht hat, ist eine Erforschung der Motive gar nicht erst gefragt. Konflikte werden nach dem Machtgefälle entschieden: der Vater schimpft, die Mutter schweigt oder umgekehrt.«[7]

Ist die Ausübung von Macht und Gewalt im Elternhaus also doch nicht der richtige Wegweiser?

Die Lebensmüden sichern sich doppelt ab, manchmal dreifach. Sie drehen den Gashahn auf und schlucken Gift; sie fesseln sich ihre Hände auf dem Rücken, bevor sie sich erhängen.

In Karlsruhe befestigte ein 18jähriger Schüler eine Messerklinge so am Lenkrad seines Wagens, daß die Spitze auf sein Herz zielte. Dann raste er gegen einen Baum.

Der Schweizer Psychiater Walter Pöldinger, Präsident der Internationalen Vereinigung für Selbstmordverhütung, meint:

»Wer sich vor dem Selbstmord fesselt, hat Angst vor sich selber – oder übergroße Aggression. Wer das macht, will sich jedenfalls absichern vor der Chance, davonzukommen.«[8]

Der Jugendpsychiater Gerhard Nissen nennt die steigende Zahl der Selbstmorde eine soziale Krankheit, an der die Gesellschaft schuld sei. Selbst der Drogenmißbrauch könne als »fortgeführte Vergiftung«, als chronischer Selbstmord gesehen werden. Viele Suizidfälle wirkten wie ein »russisches Roulette mit Gottesgerichtscharakter«.[9]

Abschied aus einer Normwelt? Flucht *aus* Angst, oder *vor der* Angst? Die Zahl der Alkohol-, Tabletten-, Rauschgift- und Schnüffel-Süchtigen stieg in den letzten Jahren rapide an, vor allem unter den Jugendlichen. Viele, die nicht inhalieren, schlucken oder spritzen, suchen ihr Heil in Sekten, Gruppen, Banden – auch das neue Gemeinsamkeitsgefühl ist eine stimulierende Droge.

»Angst allein macht noch nicht glücklich«, stand auf einer Toilettenwand, hinter der sich eine Heroinsüchtige den »goldenen Schuß« setzte.

150000 Heroinabhängige, so wird geschätzt, gibt es in der Bundesrepublik; der Großteil der Fixer wird, entgegen landläufiger Meinung, nicht unter den Söhnen und Töchtern der besserverdienenden Elite ausgemacht, sondern unter den Sprößlingen der Unterschicht. Ist nach dem Alkohol jetzt auch Heroin ein Stoff, aus dem die Träume der Unterpriviligierten sind, das *Soma* des Proles?

Tablettenmißbrauch ist dagegen eher in der Oberschicht anzutreffen. Gerade unter dem gehobenen Bildungsbürgertum gibt es vermehrt Schwächlinge, die den Leistungsanforderungen nicht mehr gewachsen zu sein glauben. Sie gleiten in eine Scheinwelt ab, erweisen sich als zu sensibel für die alltägliche Wirklichkeit.

Schon in der Schule wird, von den Eltern initiiert oder zumindest sanktioniert, die seelische Belastung mit Medikamenten unterdrückt. Etwa ein Drittel aller Schüler hat Schwierigkeiten, jedes vierte Kind gilt nach den neuen Normen der Leistungsgesellschaft als verhaltensgestört, das heißt, es leidet an überstarkem Bewegungsdrang, Nervosität und Konzentrationsstörungen. Jedes fünfte Kind nimmt Aufputschmittel und Tranquilizer gegen den Schulstreß, *gegen* Prüfungsangst und *für* bessere Leistungen.

Einer 1982 erschienenen Veröffentlichung der »Bundeszentrale für gesundheitliche Aufklärung« zufolge sind 36 Prozent aller Eltern bereit, Schulprobleme ihrer Kinder mit Medikamenten zu bekämpfen. Jedes Verhalten soll zur Anpassung gebracht werden an eine fest umschriebene, von Erwachsenen definierte Norm. Es lebe das pflegeleichte Einheitssupersauberkind!

Unter Kindern bis zu einem Alter von zwölf Jahren werden jährlich etwa 1,4 millionenmal Psychopharmaka verschrieben, 1,3 millionenmal wird für die gleiche Altersgruppe eine seelische Störung diagnostiziert, entsprechend etwa 15 bis 20 Prozent aller Kinder dieses Alters. Schon Einjährige halten Ärzte für behandlungsbedürftig: Über 100000 von ihnen bekommen pro Jahr Tranquilizer verordnet.

Tranquilizer, Schlaf- und Beruhigungsmittel sind die am häufigsten verschriebenen Psychopharmaka für Kinder.

Eine Arzneianzeige der österreichischen Firma Germania bietet ihr Medikament »Posedrine« mit der Diagnose an: »Bei Spiel-, Lern- und Anpassungstörungen, Verhaltensstörungen, Wesensänderungen.« Die optimale Wirkung trete »fallweise erst nach drei bis vier Wochen« ein. Also die Verhaltensarznei vorbeugend jeden Morgen zum Frühstück?

Die Ärzte werden zu Handlangern einer medikamentösen Erziehung, einer einfachen Arzneitherapie statt der Empfehlung zu mehr Liebe und Zuwendung. Die Kinderärzte F. Lust und M. v. Pfaundler schrieben 1982 in einem Lehrbuch *Pädiatrische Diagnostik und Therapie:*

»Vermeidung des beliebten Tobens der Kinder untereinander oder mit dem vom Beruf heimgekehrten Vater kurz vor dem Schlafengehen! Gabe eines barbiturfreien Einschlafmittels, wie Nitrazepam, eine halbe bis eine Tablette für eine Woche, (ausschleichen) vor dem Schlafengehen. Die Eltern legen nun dem Kind unmißverständlich dar, daß es nunmehr im Bettchen bei gelöschtem Licht schlafen werde wie alle anderen Kinder auch und daß die Tür endgültig geschlossen bleibe. Dann: Tür zu, Licht aus, nicht mehr nachsehen, unter Umständen schreien lassen; vor dem Geschrei, ja Erbrechen darf niemand kapitulieren, denn wir wissen: die Angst des Kindes ist in erster Linie Erwartungsangst; sie vergeht, sobald die Entscheidung gefallen ist und die Maßnahmen kompromißlos durchgeführt werden.«[10]

Jährlich werden für Kinder bis zu zwölf Jahren 500000 Rezepte für Schlaf- und Beruhigungsmittel ausgestellt. Die ärztlichen Begründungen sind abstrus, geben dem Wunsch der Eltern nach, die mit ihrem aufmüpfigen Kind nicht mehr zurechtkommen, die Ruhe haben wollen am Feierabend. Bettnässer vor allem brauchen medikamentöse Hilfe gegen ihre Depressionen. Ein Fall:

»Der achtjährige Gerhard ist seit Jahren Bettnässer und wacht jeden Morgen mit Schrecken auf. Nachdem seine Mutter mit ihm beim Arzt war, dieser ihm »Tofranil« (ein Mittel gegen Depressionen) verschrieb, änderte sich die Situation schlagartig. Gerhard machte nicht mehr ins Bett, seine Eltern waren freundlich und auch seine Angst vor dem Einschlafen war weg. Nach einigen Wochen setzten die Eltern das Medikament wieder ab, in der Hoffnung, daß Gerhard nun geheilt sei. Doch bereits am nächsten Morgen war das Bett wieder naß. Gerhard war so verzweifelt, daß er heimlich die Schachtel mit »Tofranil« suchte, die restlichen 40 Tabletten auf einmal schluckte, um sicher zu sein, das lästige Bettnässen endgültig loszuwerden. Er konnte nicht mehr gerettet werden, er starb noch am gleichen Tag.«[11]

Ein Unglücksfall? Ein Extrembeispiel?

Müssen wir unsere Kinder auf chemisches Funktionieren programmieren? Müssen wir sie mit Pillen ab- und anschalten, zum Schlafengehen ruhigstellen, zur Schule aufputschen? Sind die Ideale der Norm, ein Kind hat zu gehorchen, pünktlich und problemlos zu Bett zu gehen, nicht aufzumucken, in der Schule fleißig zu sein und den Stoff zu begreifen, schon so allgegenwärtig, daß die chemischen Prügel, die pharmazeutische Zähmung der Widerspenstigen, zur Routine, zur Selbstverständlichkeit werden, keinesfalls unmoralisch jedenfalls?

Die Vorstellungs- und Erwartungshaltung der Eltern (und Großeltern) macht die Kinder süchtig. Die Werte oder deutschen Tugenden – unauffällig, leise, sauber, strebsam, erfolgreich – stehen dem kindlichen Selbstverständnis diametral entgegen. Vorzeige- und Renommierkinder benötigen medikamentöse Dressur. Das Endprodukt dieser Erziehung ist dann eine angepaßte Marionette, nur noch nach dem äußeren Erscheinungsbild ein Mensch, aber eine bequem knetbare Masse für künftige Obrigkeiten. Zuneigung und Zärtlichkeit gelten als unproduktiv, sind ungeeignet, das Kind auf die Härten des Lebens vorzubereiten. Wer eine Chance will, muß sich anpassen können. Da wird Duckmäusertum zur obersten Leitlinie der Erziehung, nicht Selbstbewußtsein.

Hoffnung auf ein Leben in der Seifenblase

Es gibt einen schleichenden Faschismus in uns, der sich (auch) gegen unsere Kinder richtet. Und Video- und Elektronikindustrie bestärken mit der Computersklaverei einen Trend, der im Verlust der Kindheit endet, wie ihn der amerikanische Medienwissenschaftler Neil Postman drastisch beschrieben hat. Er nennt Kinder »lebende Botschaften, die wir einer Zeit übermitteln, an der wir selbst nicht mehr teilhaben werden.« Eine Kultur, die vergesse, daß sie sich reproduzieren muß, sei, biologisch gesehen, undenkbar. »Aber eine Kultur kann sehr wohl Bestand haben, ohne über eine gesellschaftliche Vorstellung von Kindern zu verfügen.«[12] Postman nennt es einen faulen Frieden, den die Erwachsenen mit der Gleichgültigkeit geschlossen haben, um die Welt nach ihren Normen, nach ihrem Bilde, bis in alle Nischen hinein, einzurichten. Es handele sich um das vielleicht folgenschwerste kulturelle Kolonialisierungsunternehmen überhaupt, sagt Postman, einer...

»... Zerstörung der Kindheit durch Mißachtung ... ihrer Spielräume, ihrer inneren Geschichte und ihrer spezifischen Zeitrechnung.... Die Kindheit läßt sich mit dem Erlernen von Sprache vergleichen. Sie besitzt eine biologische Grundlage, nimmt jedoch keine reale Gestalt an, solange es keine gesellschaftliche Umwelt gibt, die diese bestimmte Entwicklung auslöst und fördert; solange es kein Bedürfnis danach gibt, daß die Kindheit sich entwickelt.«[12]

Unsere Kinder verlernen die Fähigkeit, zu träumen. Ihre Phantasie erlahmt. Sie werden mit einer elektronischen Informationswelt konfrontiert, sind oftmals den neuen Medien hilflos ausgesetzt, diesem vermeintlichen Wunder an Bildern und Daten, das nichts Rätselhaftes, Ehrfurchtgebietendes, Geheimes mehr besitzt.

Kinder werden auf diese Weise mit der Erwachsenenwelt konfrontiert, mit Gewalt, Angst, Unfähigkeit, aber auch mit den Freuden des Konsums, dem existentiellen Vergnügen, zu kaufen. Das Medium Fernsehen bietet diese Lebensmotivation in Form positiver Werbenachrichten als Gegensatz zu den negativen politischen Schlagzeilen zum freien Eintritt. Jeder, ob alt oder jung, ist gleich qualifiziert, zu sehen, daß es lohnt, zu leben, weil man der täglichen Plackerei, den visualisierten Ängsten noch entfliehen kann auf eine Trauminsel im sonnigen Pazifik – und sei es nur in Gedanken.

Wer redlich schafft und sich stets bemüht, kann seinen Sozialstatus erhöhen, sich von den anderen abheben, kann ein teureres Auto kaufen – oder auch nur eine bessere Seife.

Fernsehen ersetzt die Sprache, denn das elektronische Medium kann nicht flüstern, nur konkrete Bilder vorführen, die die Kinder verschlingen, die sie stumm und sprachlos konsumieren.

Ist das der Stoff, aus dem die Probleme gemacht werden, die wir der Nachwelt, den Kindern und Kindeskindern, vermachen, im Bewußtsein, jede Zeit müsse mit irgendwelchen Problemen fertig werden? Sind dies belanglose Zeiterscheinungen, nicht gewollt, aber offensichtlich auch nicht zu verhindern, oder sind dies schon

Symptome einer Pseudokultur, einer elektronischen Angst-Therapie? Wird hier der Glaube indoktriniert, es gebe noch Hoffnung auf ein besseres, menschlicheres Leben – und sei es in der Seifenblase?

Erziehen wir unsere Kinder zu Individuen oder zu namenlosen Drohnen, deren einzige Funktion ist, zu funktionieren?

Wer hat Patentrezepte oder auch nur Vorschläge? Gewiß, die Erziehung unserer Kinder liegt noch immer weitgehend in unserer Hand. Aber machen wir uns nichts vor: die elektronisch-pharmazeutische Funktionskultur formt sie in weit stärkerem Maße, als wir dies wahrhaben wollen und auch wohl verhindern können.

Wenn die Entwicklung so weiter schreitet, wie weit sind wir dann noch von jener Art der Erziehung entfernt, wie sie der spanische Hirnforscher José Delgado formuliert:

»Wir können zwar unsere Kinder nicht mit Elektroden im Gehirn erziehen, jedoch können wir die mit Elektroden im Hirn gewonnenen Erkenntnisse über Lernen, Gefühlswelt, Erinnerung usw. dazu benutzen, eine neue Art Erziehung aufzubauen, mithin eine neue Art ›Mensch‹, eine neue Art ›Kind‹ zu schaffen. Ich bin unzufrieden mit dem Verhalten unserer gegenwärtigen Gesellschaft und glaube nicht, daß wir Sklaven des natürlichen Zufalls sein müssen. Bislang wurde der Mensch allein von der Natur strukturisiert, mit dem Ergebnis, daß wir voller Fehler stecken. Ich finde, wir sollten die Gesellschaft, in der wir leben, verbessern.«

Am Ende also ein neuer Menschentyp, eine neue Gesellschaft. Jede Zeit formte Menschen, jeder Fortschritt und jeder Rückschritt. Das ist banal. Aber die neue Gesellschaft könnte auf andere Weise anders sein: eine Gesellschaft ohne Gegensätze, ohne Kontraste, ohne Geheimnisse, ohne Gut und Böse, ohne Freud und Leid, ohne Hoffnung – aber auch ohne Angst.

Epilog

Merton Sandler, Biochemiker am Queen Charlotte's Hospital im britischen Chiswick, hat eine Jahrhundert-Entdeckung gemacht. Im Juni 1982 gelang ihm der Nachweis, daß Angst und Panik mit einer chemischen Verbindung im Gehirn verknüpft sind. Dem kleinen Molekül, dessen Struktur er bislang noch nicht enträtseln konnte, gab Merton Sandler den Namen »Tribulin«.

Hohe »Tribulin«-Spiegel fand Sandler bei Menschen, die unter Angstzuständen leiden, und die sich mit Valium beruhigen lassen. Die Verbindung könne deshalb gewissermaßen als ein Anti-Valium gelten. Studenten, die – freiwillig – »Tribulin« geschluckt hatten, zeigten unkontrollierbare Panik und mußten ihrerseits mit Valium behandelt werden. Auch Alkoholiker, so zeigte sich, haben einen hohen »Tribulin«-Anteil im Blut, der allerdings nach sechsmonatiger Entziehung stark zurückgeht.

»Tribulin« könnte zu einem neuen Werkzeug werden, Geisteskrankheiten zu behandeln, und dazu beizutragen, Streß, Angst und Entzugsprobleme besser zu verstehen. Es könnte daraus sogar ein neues Super-Medikament entstehen.

Wäre dann das chemische Anti-Tribulin eine Art körpereigenes Super-Valium, ein gigantischer Keulenschlag gegen die Ängste unserer Zeit? Kommt die Zuversicht demnächst aus der Retorte, oder sogar mit dem Trinkwasser aus der Leitung?

Das Interesse der pharmazeutischen Industrie an der Glückspille ist vehement. Angst sieht man nur als eine Kette chemischer Reaktionen und elektrischer Impulse im Hirninnern, die sich gezielt manipulieren lassen.

Der dänische Biochemiker Claus Braestrup filterte aus 1800 Litern Urin eine winzige Menge eines anderen angstmachenden Stoffes, den fünf Kollegen der Pharmafirma Schering, mit denen er zusammenarbeitet, im Selbstversuch testeten. Während drei der Probanden keine Reaktionen zeigten, gerieten zwei in Panik. Sie hatten, so berichteten sie nach dem Experiment, das Gefühl, sich aufzulösen, vernichtet zu werden. Der eine von den beiden fand die Angst so unerträglich, daß er um ein Gegenmittel bat.

Die Modulation unserer Ängste ist die einzige Überlebenschance.

Vielleicht ist aber auch Sorglosigkeit »pathologisch«, wie der Biologe Hans Mohr und der Theologe Günther Schiwy glauben. Sie halten den Menschen für einen Fehlschlag der Natur, halten die Unfähigkeit, Angst als Regulativ anzuerkennen, für die eigentliche Erbsünde. Diese Unfähigkeit sei auf eine genetische Prägung der menschlichen Denk- und Verhaltensstrukuren im Prozeß der Evolution zurückzuführen. Strukturen, die offenbar nicht ausreichen, die vom Menschen selbst gestaltete und kompliziert gewordene Welt zu begreifen und neue Überlebensstrategien zu entwickeln. Deshalb auch fehle das gefühlsmäßige Verständnis der Bedrohung der Welt.

Die Zukunft der Menschheit, so Mohr und Schiwy, werde deshalb davon abhängen, ob es gelingt, das negative Erbgut auszuschalten.

Wer die chemische Struktur der Angst kennt, hält auch den Schlüssel in Händen, sie in den Köpfen zu vernichten. Angst ist Unglück. Fragen wir die Schmerzgepeinigten, welche Erlösung es bedeutet, von chronischer Pein befreit zu werden, mit Medikamenten oder radikalen chirurgischen Eingriffen!

Hoffen wir also auf den Sieg über die Angst. Hoffen wir auf die Umpolung. Dann werden die Kinder ihre Lehren lernen; dann werden die Armen nicht mehr ihre Armut beklagen; dann werden die Schwachen ihre Schwäche akzeptieren; dann werden die Kranken ihr Schicksal meistern; dann werden die Pessimististen optimistisch in die Zukunft blicken; dann werden die Ängstlichen den Normalen nicht mehr die Zuversicht verleiden.

Nachwort

Wir leben in einer Zeit des industriellen Darwinismus. Es droht ein neuer, schleichender Faschismus, nicht vergleichbar mit den Greueltaten des Nationalsozialismus gewiß, ohne körperliche Gewalt, ohne Brutalität. Ein sanfter, ein *»friendly facism«*.

Die Macht des sozialen Vorurteils geht gestärkt aus dieser Entwicklung hervor. Die Leidtragenden sind die Schwachen, die Andersartigen, die Randgruppen der Gesellschaft, die, die sich nicht anpassen können – oder wollen.

Dem totalen Regime des industriellen, technologischen Denkens in einer Leistungs- und Funktionsgesellschaft werden moralische Ansprüche geopfert. Der hartnäckige Widerstand der Individualisten wird gebrochen, weil sie Sand im Getriebe des perfekten, des Sonnenstaates sind, deren Architekten selbstredend nur das Wohl aller Bürger im Auge haben. Wer anders ist, gegen den Strom schwimmt, macht sich verdächtig, wird überwacht, schikaniert, manipuliert; wer unbequem ist, Kritik übt, wird diffamiert.

Aus dem Schutz des Staates *für* den freien Bürger wird der Schutz des Staates *vor* dem freien Bürger. Der liberale Rechtsstaat führt sich ad absurdum, pervertiert sein Ziel einer Welt der Ideale durch Uniformierung seiner Bürger und vorsorgliche Aussonderung der nicht Funktionsfähigen, der Schwächlinge, Außenseiter, Alten, der Kinder vor allem.

Normalität droht gegenüber Pluralität die Oberhand zu behalten. Angst, selbstverordnete Disziplinierung und fremdveranlaßte Anpassung, schließlich Standardisierung der persönlichen Lebensgestaltung, der Sprache, der Reaktionen, der Erziehung sind die unvermeidlichen Folgen der augenblicklichen Entwicklung.

Die sechs Kapitel, die ich zu diesem Buch zusammengefaßt habe, erheben nicht den Anspruch, umfassend zu sein, oder auch nur, das

Problem in seiner Vielschichtigkeit sorgsam genug durchleuchtet zu haben. Ich wollte lediglich versuchen, ein wenig von der eigenen Hilflosigkeit, von der eigenen Angst zu tranportieren, mit der ich dem neuen Zeitgeist, der wachsenden Normierung und Anpassung gegenüberstehe. Mich sorgt die Perspektive totaler Konformität, die keine Widersprüche mehr zuläßt gegen die staatlich indoktrinierten Ideale von korrektem Verhalten und normaler Moral. Aber dies ist nur die eine Seite der Medaille. Jede Gesellschaft hat den Staat, den sie verdient. Auch oder gerade *in uns* spielt sich eine Wandlung ab, die nicht aufgezwungen, sondern Konsequenz unserer Ellenbogenmentalität ist. Gerade jene, die längst satt sind, wollen, krankhafter Freßsucht gleich, vom großen Kuchen das größte Stück. Da nützt es nichts, neue Theorien über die menschliche Natur zu entwickeln, oder alten zu einer Wiederbelebung zu verhelfen, um das Unentschuldbare zu entschuldigen.

Was ist zu tun? Ich gebe zu, daß ich es nicht weiß. Es muß frustrierend sein, einer so unerquicklichen, deprimierenden Darstellung über die neue Erblehre, über aufkeimenden Rassismus, über die Allmacht des Stigmas und die Ohnmacht gegenüber dem Überwachungsstaat, über die Manipulation der menschlichen Seele und die Zerstörung der Biosphäre auf Kosten der Schwachen, über die Unterdrückung wachsender Angst zu folgen, nur um an ein melancholisches Ende zu gelangen, das Ratlosigkeit hinterläßt. Vielleicht auch Trauer und Zorn.

Viele heutige Versuche, anstehende Probleme zu lösen, finden in einer Atmosphäre des Pessimismus und der Wut statt. Dessen bin ich mir bewußt. Und ich gestehe ein, daß ich manchmal Verständnis habe für die Aggressivität, für Verhalten, das sich nicht an der höchsten demokratischen Maxime orientiert: alles ausdiskutieren, alles relativieren – und dann Kompromisse schließen.

Es war mein Ziel, Fragen zu stellen. Ich wollte nachdenklich machen, nachdenklich über das eigene Verhalten, über die wachsende Intoleranz, und ich möchte ermutigen, sich gegen das drohende Unheil zu wehren, vor allem gegen das Unheil in uns, gegen die Tyrannei im Herzen.

Anmerkungen

Vergangenheit ist Zukunft

1 A. Mitscherlich und F. Mielke, *Medizin ohne Menschlichkeit,* 1960.

2 Office of Chief of Council for War Crimes, Nürnberg 1946/1947, hier zitiert nach: *Verbrechen gegen die Menschlichkeit, Die Nürnberger Ärzteprozesse,* 1946/47.

3 K. Lorenz, *Durch Domestikation verursachte Störungen arteigenen Verhaltens,* in: *Zeitschrift für angewandte Psychologie und Charakterkunde,* 59, 1940, hier zitiert nach: S. L. Chorover, *Die Zurichtung des Menschen,* 1982.

4 *Verbrechen gegen die Menschlichkeit, Die Nürnberger Ärzteprozesse,* 1946/47.

5 H. Spencer, *Social Statics,* 1888.

6 F. Galton, *Inquiries into the Human Faculty and Its Development,* 1907.

7 K. Binding und A. Hoche, *Die Freigabe der Vernichtung lebensunwerten Lebens, Ihr Maß und ihre Form,* 1920.

8 A. Wiggam, 1924, hier zitiert nach: J. Beckwith, *Auf dem Weg zu einer schönen neuen Welt,* in: E. R. Koch und W. Keßler, *Am Ende ein neuer Mensch?,* 1974.

9 A. Carrel, *Der Mensch, das unbekannte Wesen,* 1935.

10 S. L. Chorover, *From Genesis to Genocide, The Meaning of Human Nature and the Power of Behavior Control,* 1979; in deutscher Übersetzung: S. L. Chorover, *Die Zurichtung des Menschen, Von der Verhaltenssteuerung durch die Wissenschaften,* 1982.

11 K. Lorenz, *Das sogenannte Böse,* 1963.

12 E. Fromm, *Anatomie der menschlichen Destruktivität,* 1974.

13 E. O. Wilson, *Sociobiology: The New Synthesis,* 1975; als zweiten Band hat Wilson 1978 *On Human Nature* veröffentlicht; es ist in deutscher Übersetzung unter dem Titel *Biologie als Schicksal* 1980 erschienen.

14 R. J. Herrnstein, *IQ in the Meritocracy,* 1973; in deutscher Übersetzung: R. J. Herrnstein, *Chancengleichheit – eine Utopie? Die IQ-bestimmte Klassengesellschaft,* 1974.

15 B. D. Davis, *Genetic Engineering – Threat or Promise?,* in: *Harvard Medical*

Area Newsletter, 2, 1971; mit ähnlichem Duktus erschien von Davis 1973 in *Time Magazine* der Beitrag *Endorsing Infanticide?*

[16] J. Beckwith, *Auf dem Weg zu einer schönen neuen Welt,* in: E. R. Koch und W. Keßler, *An Ende ein neuer Mensch?,* 1974.

[17] H. Kummer, Gespräch mit E. R. Koch, *Biologie und Moral, Deutschlandfunk* 9. 1. 1978.

[18] J. D. Watson in: E. R. Koch und W. Keßler, *Am Ende ein neuer Mensch?,* 1974.

[19] B. Glass, *Science – Endless Horizons or Golden Age?,* in: *Science,* 171, 23, 1971.

[20] W. Schloot, *Der genetisch manipulierte Mensch, Aufgaben und Grenzen der Humangenetik, Jahrbuch der Wittheit zu Bremen,* Band 21, 1977.

[21] Zitiert nach: J. Westhoff, *Der schöne neue Mensch,* in: *Die Zeit,* 24. 2. 1984.

[22] K. Adamsons, Gespräch mit E. R. Koch; siehe auch K. Adamsons in: E. R. Koch und W. Keßler, *Am Ende ein neuer Mensch?,* 1974.

[23] A. Etzioni, Gespräch mit E. R. Koch; Etzioni hat 1973 den Band *Genetic Fix, The Next Technological Revolution* veröffentlicht, der 1977 in deutscher Übersetzung unter dem Titel *Die zweite Erschaffung des Menschen* erschienen ist.

[24] M. Iverson, pers. Mitteilung, 1978.

[25] *Angeklagtes Leben,* in: *Die Zeit,* 19. 12. 1980.

[26] *Klasse von Neutren,* in: *Der Spiegel,* 19. 2. 1979.

[27] W. Fuhrmann und F. Vogel, *Ärztlicher Leitfaden zur genetischen Familienberatung,* 1982.

[28] J. Beckwith, pers. Mitteilung, 1978.

[29] H. A. Witkin, pers. Mitteilung, 1978.

[30] *Überlegungen zur Anwendung gentechnologischer Methoden am Menschen,* erarbeitet von der molekularbiologischen Arbeitsgruppe am Bundesgesundheitsamt, herausgegeben vom BMFT, 4/1984.

[31] H. Riesenhuber, *Gentechnologieerkenntnisse erfordern politische Maßnahmen,* Pressemitteilung des BMFT, 2. 2. 1984.

[32] J. King, zitiert nach: K. Kochendörfer, *Gen-Tests an Chemiearbeitern,* in: *Bild der Wissenschaft* 7/1980.

[33] E. Deutsch in: *Ergebnisse des Fachgesprächs des BMFT »Ethische und rechtliche Probleme der Anwendung zellbiologischer und gentechnologischer Methoden am Menschen«,* herausgegeben vom BMFT, 4/1984.

[34] H. J. Muller, *Man and His Future,* 1963.

[35] F. K. Beller, *Der Mißbrauch, Das ethische Dilemma bei der Reproduktion des Menschen,* in: *Süddeutsche Zeitung,* 21./22. 8. 1983.

[36] H. K. Erben, *Die Entwicklung der Lebewesen,* 1975.

[37] T. Schmidt-Kaler, in: *GEO* 12/1980.

[38] *Heidelberger Manifest,* in: *taz,* 25. 1. 1982; eine gekürzte Fassung erschien am 8. 2. 1982 in der *Frankfurter Rundschau.*

Unwissenheit ist Stärke

[1] *Süddeutsche Zeitung,* 1. 9. 83.

[2] D. Rosenthal, *Genetic Theory and Abnormal Behavior,* 1970.

[3] J. Kitsuse, *Societal Reaction to Deviance: Problems of Theory and Method,* in: *Social Problems,* 9, 239, 1962.

[4] H. Garfinkel, *Research Notes on Inter- and Intra-Racial Homucides,* in: *Social Forces,* 27. 5. 1949.

[5] Zitiert nach: F. Duve, *Katalysator gegen den Orwell-Staat,* in: J. Taeger (Hrsg.), *Die Volkszählung,* 1983.

[6] H. S. Becker, *Außenseiter,* 1973.

[7] K. T. Erikson, *Notes on the Sociology of Deviance,* in: *Social Problems,* 9, 308, 1962.

[8] J. Feest, *Die Situation des Verdachts,* in: J. Feest und R. Lautmann (Hrsg.), *Die Polizei,* 1971; ähnliche Erfahrungen sind auch wiedergegeben in R. Gössner und U. Herzog, *Der Apparat, Ermittlungen in Sachen Polizei,* 1982.

[9] H. Schäfer, *Die Voraussetzungen einer rationalen Kriminalstrategie,* in: *Kriminalistik* 8/1976.

[10] A. Mergen, *Die Persönlichkeit des Verbrechers im weißen Kragen,* in: *Wirtschaftskriminalität,* 1970.

[11] T. Parker und R. Allerton, *The Courage of His Convictions,* 1962.

[12] M. Schulz, zitiert nach: *Frankfurter Rundschau,* 23. 1. 1984.

[13] P. Lazarsfeld, *The Psychological Consequences of Unemployment,* in: *Journal of Social Psychology,* VI, 239, 1935.

[14] A. Schrader, B. W. Nikles, H. M. Griese, *Die Zweite Generation, Sozialisierung und Akkulturation ausländischer Kinder in der Bundesrepublik,* 1979.

[15] Zitiert nach: E. Goffman, *Stigma,* 1967.

[16] M. Brusten und K. Hurrelmann, *Abweichendes Verhalten in der Schule, Eine Untersuchung zu Prozessen der Stigmatisierung,* 1974.

[17] Zitiert nach: *Frankfurter Rundschau,* 20. 2. 1984.

[18] H. J. Pohl, *Zur Ausgliederung älterer Arbeitnehmer aus dem Berufsleben,* in: J. Hohmeier und H. J. Pohl (Hrsg.), *Alter als Stigma,* 1978.

[19] B. Strauch, *Altenheim und Altenrolle,* in: J. Hohmeier und H. J. Pohl (Hrsg.), *Alter als Stigma,* 1978.

[20] M. Brusten und K. Hurrelmann, *Abweichendes Verhalten in der Schule, Eine Untersuchung zu Prozessen der Stigmatisierung,* 1974; siehe auch: J. Hohmeier, *Stigmatisierung als sozialer Definitionsprozeß,* in: M. Brusten, J. Hohmeier (Hrsg.), *Stigmatisierung I,* 1975.

[21] W. Thimm, *Lernbehinderung als Stigma,* in: M. Brusten und J. Hohmeier (Hrsg.), *Stigmatisierung I,* 1975.

[22] R. J. Herrnstein, *IQ in the Meritocracy,* 1973; in deutscher Übersetzung: R. J. Herrnstein, *Chancengleichheit – eine Utopie? Die IQ-bestimmte Klassengesellschaft,* 1974.

Freiheit ist Sklaverei

[1] J. Simon, *Die fragwürdige Sammelei, in: Die Zeit,* 19. 11. 1982.

[2] Zitiert nach: F. Duve, *Katalysator gegen den Orwell-Staat,* in: J. Taeger (Hrsg.), *Die Volkszählung,* 1983.

[3] W. Meyer-Larsen (Hrsg.), *Der Orwell-Staat 1984,* 1983.

[4] *Die Zeit,* 19. 11. 1982; siehe auch: W. Meyer-Larsen, *1984 – Industrialismus und Diktatur,* in: W. Meyer-Larsen (Hrsg.), *Der Orwell-Staat 1984,* 1983.

[5] Zitiert nach: *Der Spiegel,* 4/1982; siehe auch: *Frankfurter Rundschau,* 5. 6. 1982.

[6] Zitiert nach: *Der Spiegel,* 32/1983.

[7] *Frankfurter Rundschau,* Juli 1979.

[8] Zitiert nach: *Der Spiegel,* 28. 3. 1983.

[9] *Frankfurter Allgemeine Zeitung,* 12. 10. 1983.

[10] Zitiert nach: H. Schueler, *Der Staat darf nicht alles wissen,* in: *Die Zeit,* 23. 12. 1983.

[11] R. Leuze, *Überall ist Daten-Land,* in: *Die Zeit,* 11. 11. 1983.

[12] Zitiert nach: *Der Spiegel,* 32/1983; siehe auch: *Frankfurter Rundschau,* 14. 1. 1983.

[13] Zitiert nach: G. Myrell, *Der Einsatz neuer Informationstechnologien bei der Polizei,* in: G. Myrell (Hrsg.), *Daten-Schatten,* 1984.

[14] W. Stork, *Besserer Datenschutz in der Sozialversicherung, DAK-Magazin,* März 1981.

[15] Zitiert nach: W. Meyer-Larsen, *1984 – Industrialismus und Diktatur,* in: W. Meyer-Larsen (Hrsg.), *Der Orwell-Staat 1984,* 1983.

[16] Zitiert nach: W. Meyer-Larsen, *1984 – Industrialismus und Diktatur,* in: W. Meyer-Larsen (Hrsg.), *Der Orwell-Staat 1984,* 1983; siehe auch: F. A. Koch, *Bürgerhandbuch Datenschutz,* 1981; siehe auch: G. Myrell (Hrsg.), *Daten-Schatten,* 1984.

[17] G. Friedrichs, *Soziale Beherrschung von Rationalisierung und neuer Technik,* Hearing IV der Kommission *Zukunft Baden-Württemberg,* SPD-Landesverband Baden-Württemberg, 11. 10. 1982.

[18] Zitiert nach: *Der Spiegel,* 2/1983.

[19] Zitiert nach: *Der Spiegel,* 2/1983; siehe auch: W. Meyer-Larsen (Hrsg.), *Der Orwell-Staat 1984,* 1983; siehe auch: A. Johansen, *Orwell im Verhör, Die Befragung des Großen Bruders,* 1984.

[20] Zitiert nach: P. Koch und R. Oltmanns, *SOS Freiheit in Deutschland,* 1979; *Trans Atlantik,* 11/1980.

[21] G. Myrell, Gespräch mit dem Präsidenten des Bundeskriminalamtes H. Boge, in: G. Myrell (Hrsg.), *Daten-Schatten,* 1984.

[22] Zitiert nach: H.-W. Sternsdorff, *Aktion »Paddy«*, in: W. Meyer-Larsen (Hrsg.), *Der Orwell-Staat 1984,* 1983.

Manipulation ist Hoffnung

[1] P. Breggin, *An independent follow-up of a person operated upon for violence and epilepsy by Drs Vernon Mark, Frank Ervin and William Sweet,* in: *Rough Times* 3, 1973.

[2] V. H. Mark u. a., *The effect of amygdalotomy on violent behavior in patients with temporal lobe epilepsy,* in: *Psychosurgery,* 1972.

[3] P. Breggin, *An independent follow-up of a person operated upon for violence and epilepsy by Drs Vernon Mark, Frank Ervin and William Sweet,* in: *Rough Times,* 3, 1973; siehe auch: E. S. Valenstein, *Brain Control,* 1973.

[4] V. H. Mark u. a., *Role of brain disease in riots and urban violence,* in: *J. Am. Med. Ass.,* 201, 895, 1967; siehe auch: V. H. Mark und F. R. Ervin, *Violence and the Brain,* 1970.

[5] Zitiert nach: E. S. Valenstein, *Brain Control,* 1973; siehe auch: H. M. Brown, *Further experience with multiple limbic lesions for schizophrenia and sociopathic aggression,* Vortrag auf dem 3. Int. Kongreß für Psychiatrische Chirurgie, Cambridge 1972.

[6] Zitiert nach: P. Breggin, *The Second Wave, Mental Hygiene,* 57, 11, 1973; siehe auch: E. R. Koch, *Chirurgie der Seele,* 1976.

[7] H. Lansdell, *Psychosurgery and public policy,* in: *Publ. Sci.,* 4, 10, 1973.

[8] F. D. Roeder, *Über die Möglichkeit stereotaktischer Eingriffe bei Aggressionstätern,* in: *Kriminalität vorbeugen und behandeln,* 1971.

[9] F. D. Roeder, *Stereotaktische Therapie der Suchten,* in: *Vorbeugung und Behandlungen bei Kriminellen und Süchtigen,* 1974; siehe auch: E. R. Koch, *Chirurgie der Seele,* 1976.

[10] F. D. Roeder, Gespräch mit E. R. Koch, siehe: E. R. Koch und W. Keßler. *Am Ende ein neuer Mensch?,* 1974; siehe auch: E. R. Koch, *Chirurgie der Seele,* 1976.

[11] R. G. Heath, *Pleasure and Brain Activity in Man,* in: *J. Nerv. Ment. Dis.,* 154, 3, 1972.

[12] R. G. Heath, Gespräch mit E. R. Koch, siehe: E. R. Koch, *Chirurgie der Seele,* 1976.

[13] R. G. Heath, Dialog mit Patienten wurde von E. R. Koch während einer

Filmvorführung in New Orleans 1973 mitgeschnitten; siehe: E. R. Koch und W. Keßler, *Am Ende ein neuer Mensch?*, 1974; siehe auch: E. R. Koch, *Chirurgie der Seele*, 1976.

[14] Zitiert nach: V. Packard, *The People Shapers*, 1977; in deutscher Übersetzung: V. Packard, *Die große Versuchung, Der Eingriff in Leib und Seele*, 1978.

[15] A. G. Saunders, *Behavior Therapy in Prisons: Walden II or Clockwork Orange?*, Jahrestagung der Ass. Advancement of Behavior Therapy, Chicago 1974.

[16] Zitiert nach: S. L. Chorover, *Die Zurichtung des Menschen*, 1982.

[17] US-Kongreß, Senat und Rechtsausschuß, *Individual Rights and the Federal Role in Behavior Modification*, 1974.

[18] Zitiert nach: *Makabrer Vorschlag wie aus Orwells »1984«, dpa*, 26. 10. 1982.

[19] B. L. Ingraham und G. W. Smith, *The Use of Electronics in the Observation and Control of Human Behavior*, in: *Issues in Criminology*, 7, 1972.

[20] S. L. Chorover, *From Genesis to Genocide, The Meaning of Human Nature and the Power of Behavior Control*, 1979; in deutscher Übersetzung: S. L. Chorover, *Die Zurichtung des Menschen, Von der Verhaltenssteuerung durch die Wissenschaften*, 1982.

[21] O. J. Andy, *Thalamotomy for hyperresponsive syndrome*, in: *Psychosurgery*, 1972.

[22] H. Narabayashi, *Stereotaxic amygdalectomy*, in: *The Neurobiology of the Amygdala*, 1972; siehe auch: E. R. Koch, *Chirurgie der Seele*, 1976.

[23] F. D. Roeder, *Über die Möglichkeit stereotaktischer Eingriffe bei Aggressionstätern*, in: *Kriminalität vorbeugen und behandeln*, 1971; siehe auch: E. R. Koch, *Chirurgie der Seele*, 1976.

[24] G. Solomons, *A commentary on drugs in managing hyperkinetic children*, *Medical Opinion*, 1972; hier zitiert nach: V. Packard, *Die große Versuchung*, 1978.

[25] Zitiert nach: V. Packard, *Die große Versuchung, Der Eingriff in Leib und Seele*, 1978.

Krieg bedeutet Frieden

[1] H. W. Schlipköter, *Auswirkungen der Luftverschmutzungen auf die menschliche Gesundheit*, Bundestags-Ausschuß für Jugend, Familie, Gesundheit, *Drucksache* 10/33, 1984.

[2] Zitiert nach: B. Dost, *Die Erben des Übels, Kranke Umwelt, kranke Kinder*, 2. Aufl. 1984.

[3] *Stellungnahme der DFG-Kommission zur Prüfung von Rückständen in Lebensmitteln*, 1982.

[4] *Sicherheit in der Chemie,* Bericht über ein Symposium der BASF, 1978.
[5] V. B. Vouk und J. Parizek, *Chemicals and Health,* Division on Environmental Health, WHO, Genf, *Interdisciplinary Science Review,* 3, 207, 1978.
[6] Zitiert nach: B. Kluge u. a., *Vergiftete Umwelt, gefährdete Kinder,* 1984.
[7] S. Luria, *Slippery when wet, Essay on Science, Technology and Responsibility,* in: *Penrose Memorial Lecture,* 1972.
[8] Zitiert nach: *Bild der Wissenschaft,* 3/1984.
[9] *The Global 2000 Report to the President,* 1980.
[10] A. Peccei, *Die Zukunft in unserer Hand,* 1981.
[11] Zitiert nach: M. Bühler, *Geschäfte mit der Armut, Pharma-Konzerne in der Dritten Welt,* 1982.
[12] *The contribution of health to the new international economic order, WHO A 33 Technical Discussions,* 1, 1980.
[13] Zitiert nach: D. Weir und M. Schapiro, *Circle of Poison, Pesticides and People in a Hungry World,* 1981.
[14] Zitiert nach: D. Weir und M. Schapiro, *Circle of Poison, Pesticides and People in a Hungry World,* 1981; siehe auch: O. Yasuo, *Banana Plantation Workers Strike in the Philippines, New Asia News,* Mai 1980.
[15] Michel Mercier, Gespräch mit E. R. Koch, in: E. R. Koch, *Exportartikel Risiko, Über die Auslagerung umweltgefährlicher Produktionen in die Dritte Welt, Sender Freies Berlin,* 13. 11. 1982; siehe auch: E. R. Koch, *Der DDT-Bumerang,* in: *natur* 2/1982.
[16] H. Schaefer, *Aufgabe Umwelt: Beziehungen zwischen der kranken Umwelt und dem kranken Leben,* NDR 1982.
[17] J. Schell, *Das Schicksal der Erde,* 1982; hier zitiert nach: J. Schell, *Das Schicksal der Erde,* in: *Die Zeit,* 2. 7. 1982.

Angst ist Glück

[1] H. Schmidt, *»Fürchtet Euch nicht«,* in: *Die Zeit,* 23. 12. 1983.
[2] K. Heilmann und J. Urquhart, *Keine Angst vor der Angst,* 1983.
[3] *Frankfurter Rundschau,* 1. 11. 1983.
[4] *Frankfurter Rundschau,* 21. 1. 1983.
[5] Zitiert nach: J. Leinemann, *Die Angst der Deutschen,* in: *Der Spiegel,* 18. 1. 1982.
[6] *Frankfurter Rundschau,* 2. 4. 1984.
[7] *Wie Jugendliche Selbstmordmotive verstehen, MPG-Presseinformation,* 6. 10. 1982.
[8] Zitiert nach: *Der Spiegel,* 1. 9. 1980.

[9] *Frankfurter Rundschau,* 7. 6. 1983.
[10] F. Lust und M. v. Paundler, *Pädiatrische Diagnostik und Therapie,* 1982; hier zitiert nach: P. Sichrovsky, *Krankheit auf Rezept,* 1984.
[11] Zitiert nach: P. Sichrovsky, *Krankheit auf Rezept,* 1984.
[12] N. Postman, *The Disappearance of Childhood,* 1982; in deutscher Übersetzung: N. Postman, *Das Verschwinden der Kindheit,* 1983.
[13] J. Delgado, Gespräch mit E. R. Koch, in: E. R. Koch und W. Keßler, *Am Ende ein neuer Mensch?,* 1974.

Literatur

Vergangenheit ist Zukunft

Angeklagtes Leben, in: *Die Zeit,* 19. 12. 1980.

Beckwith, J., *Auf dem Weg zu einer schönen neuen Welt,* in: Koch, E. R., und Keßler, W., *Am Ende ein neuer Mensch?,* 1974.

Beller, F. K., *Der Mißbrauch, Das ethische Dilemma bei der Reproduktion des Menschen,* in: *Süddeutsche Zeitung,* 21./22. 8. 1983.

Binding, K., und Hoch, A., *Die Freigabe der Vernichtung lebensunwerten Lebens, Ihr Maß und ihre Form,* 1920.

Cramer, F. (Hrsg.), *Forscher zwischen Wissen und Gewissen,* 1974.

Chorover, S. L., *From Genesis to Genocide, The Meaning of Human Nature and the Power of Behavior Control,* 1979; in deutscher Übersetzung: Chorover, S. L., *Die Zurichtung des Menschen, Von der Verhaltenssteuerung durch die Wissenschaften,* 1982.

Das genetische Vorurteil, in: *Selecta,* 5. 5. 1980.

Davis, B. D., *Genetic Engineering – Threat or Promise?,* in: *Harvard Medical Area Newsletter,* 2, 1971; mit ähnlichem Duktus erschien von Davis 1973 in *Time Magazine* der Beitrag *Endosing Infanticide?*

Dawkins, R., *Das egoistische Gen,* 1978.

Der Mensch – ein Satz knetbarer Moleküle?, in: *Der Spiegel,* 47/1983.

Deutsch, E., in: *Ergebnisse des Fachgesprächs des BMFT »Ethische und rechtliche Probleme der Anwendung zellbiologischer und gentechnologischer Methoden am Menschen«,* hrsg. vom Bundesministerium für Forschung und Technologie, 4/1984.

Eibl-Eibesfeldt, I., *Grundriß der vergleichenden Verhaltensforschung,* 1978.

Erben, H. K., *Die Entwicklung der Lebewesen,* 1975.

Etzioni, A., *Die zweite Erschaffung des Menschen,* 1977.

Facette eines göttlichen Plans, in: *Frankfurter Rundschau,* 8. 2. 1982.

Friesen, A. von, *Vielleicht klappt es ja,* in: *Die Zeit,* 18. 6. 1982.

Fromm, E., *Anatomie der menschlichen Destruktivität,* 1974.

Fuhrmann, W., und Vogel, F., *Ärztlicher Leitfaden zur genetischen Familienberatung,* 1982.

Galton, F., *Inquiries into the Human Faculty and Its Development,* 1907.

Glass, B., *Science – Endless Horizons or Golden Age?,* in: *Science,* 171, 23, 1971.

Grote, W., Hartung, K., Wendt, G. G., *Primäre Prävention,* 1978.

Häring, B., *Ethik der Manipulation,* 1977.

Haß auf die Blauen, in: *Der Spiegel,* 50/1980.

Heidelberger Manifest, in: *taz,* 25. 1. 1982; eine gekürzte Fassung erschien am 8. 2. 1982 in der *Frankfurter Rundschau.*

Herbig, J. (Hrsg.), *Biotechnik,* in der Reihe *Technologie und Politik,* 1981.

Herbig, J., *Die Gen-Ingenieure, Der Weg in die künstliche Natur,* 1980.

Herrnstein, R. J., *IQ in the Meritocracy,* 1973; in deutscher Übersetzung: Herrnstein, Richard J., *Chancengleichheit – eine Utopie? Die IQ-bestimmte Klassengesellschaft,* 1974.

Holden, *Looking at Genes in the Workplace,* in: *Science,* 23. 7. 1982.

Hollenstein, G., *Hadamar: Unterkunft für Asylbewerber geschlossen,* in: *Frankfurter Rundschau,* 21. 9. 1983.

Klasse von Neutren, in: *Der Spiegel,* 19. 2. 1979.

Klee, E., *Die Urne mit anderer Asche gefüllt,* in: *Die Zeit,* 26. 8. 1983.

Kochendörfer, K., *Gen-Tests an Chemiearbeitern,* in: *Bild der Wissenschaft,* 7/1980.

Koch, E. R., *Biologie und Moral,* in: *Deutschlandfunk,* 9. 1. 1978.

Koch, E. R., *Das Ende der Mär von den Mörder-Chromosomen,* in: *Die Welt,* 11. 12. 76.

Koch, E. R., *»Y«: Baustein der Gewalt?, Kriminelles Verhalten und Chromosomen-Anomalien,* in: *Sender Freies Berlin,* 9. 2. 1976.

Koch, E. R., und Keßler, Wolfgang, *Menschen nach Maß,* 1974.

Kolata, G. B., *Testing for Cancer Risk,* in: *Science,* 29. 2. 1980.

Lorenz, K., *Das sogenannte Böse,* 1963.

Lorenz, K., *Durch Domestikation verursachte Störungen arteigenen Verhaltens,* in: *Zeitschrift für angewandte Psychologie und Charakterkunde,* 59, 1940.

Lorenz, K., *Die Rückseite des Spiegels, Versuch einer Naturgeschichte menschlichen Erkennens,* 1973.

Luria, S. E., *Leben – das unvollendete Experiment,* 1973.

Luria, S. E., *Slippery when wet,* in: *Proceedings of the American Philosophical Society,* 1972.

Nordhoff, H.-B., *Das »Retortenbaby« und die Folgen,* in: *Süddeutsche Zeitung,* 18. 6. 1982.

Mitscherlich, A., und Mielke, F., *Medizin ohne Menschlichkeit,* 1960.

Muller, H. J., *Man and His Future,* 1963.

Overhage, P., *Die biologische Zukunft der Menschlichkeit,* 1977.

Packard, V., *Die große Versuchung, Eingriff in Körper und Seele,* 1978.

Riedl, R., *Biologie der Erkenntnis,* 1979.

Riedl, R., *Die Strategie der Genesis,* 1980.
Riesenhuber, H., *Gentechnologieerkenntnisse erfordern politische Maßnahmen,* Pressemitteilung des BMTF, 2. 2. 1984.
Roper, A. G., *Ancient Eugenics,* 1913.
Schloot, W., *Der genetisch manipulierte Mensch, Aufgaben und Grenzen der Humangenetik,* in: *Jahrbuch der Wittheit zu Bremen,* Band 21, 1977.
Schloot, W., *Menschlichkeit – Grenzen der Forschung in Biologie und Medizin,* in: Sonderdruck *Deutsches Ärzteblatt – Ärztliche Mitteilungen,* Februar 1983.
Schmidt-Kaler, T., in: *GEO,* 12/1980.
Schneider, C., *Ausgrenzung statt Integration,* in: *Süddeutsche Zeitung,* 1. 9. 1983.
Spencer, H., *Social Statics,* 1888.
Vogel, F., und Motulsky, A. G., *Human Genetics,* 1979.
Wagner, F. (Hrsg.), *Menschenzüchtung,* 1969.
Westhoff, J., *Das Risiko geboren zu werden,* 1980.
Westhoff, J., *Der schöne neue Mensch,* in: *Die Zeit,* 24. 2. 1984.
Wilson, E. O., *Sociobiology: The New Synthesis,* 1975.
Wilson, E. O., *Biologie als Schicksal,* 1979.

Unwissenheit ist Stärke

Ahrens, S., *Außenseiter und Agent,* 1975.
Becker, H. S., *Außenseiter,* 1973.
Becker, H. S., *Labelling Theory Reconsidered,* in: P. Rock, M. McIntosh (Hrsg.), *Deviance and Social Control,* 1974.
Brusten, M., und Hurrelmann, K., *Abweichendes Verhalten in der Schule, Eine Untersuchung zu Prozessen der Stigmatisierung,* 1974.
Duve, F., *Katalysator gegen den Orwell-Staat,* in: Taeger, J. (Hrsg.), *Die Volkszählung,* 1983.
Chorover, L., *Die Zurichtung des Menschen,* 1982.
Erikson, K. T., *Notes on the Sociology of Deviance,* in: *Social Problems,* 9, 308, 1962.
Feest, J., *Die Situation des Verdachts,* in: J. Feest, R. Lautmann (Hrsg.), *Die Polizei,* 1971.
Goffman, E., *Stigma,* 1967.
Herbig, J., *Der domestizierte Mensch,* Zürich 1. 2. 1980.
Herrnstein, R. J., *IQ in the Meritocracy,* 1973; in deutscher Übersetzung: R. J. Herrnstein, *Chancengleichheit – eine Utopie? Die IQ-bestimmte Klassengesellschaft,* 1974.
Hohmeier, J., *Stigmatisierung als sozialer Definitionsprozeß,* in: M. Brusten, J. Hohmeier (Hrsg.), *Stigmatisierung I,* 1975.

Jahoda, M., Lazarsfeld, P., Zeisel, H., *Die Arbeitslosen von Marienthal,* 1975.

Jensen A. R., *The Current Status of the IQ Controversy,* in: *Australian Psychologist* 13/1, 1978.

Jensen, A. R., *Educability and Group Differences,* 1973.

Jensen, A. R., *Educational Differences,* 1973.

Jensen, A. R., u.a., *Environment, Heredity, and Intelligence,* in: *Harvard Educational Review,* 1979.

Jensen, A. R., *Genetics and Education,* 1972.

Kitsuse, J., *Societal Reaction to Deviance: Problems of Theory and Method,* in: *Social Problems,* 9, 239, 1962.

Klee, E., *Psychiatrie-Report,* 1978.

Lazarsfeld, P., *The Psychological Consequences of Unemployment,* in: *Journal of Social Psychology,* VI, 239, 1935.

Lautmann, R., u.a., *Zur Struktur von Stigmata. Das Bild der Blinden und Unehelichen,* in: *Kölner Zeitschrift für Soziologie und Sozialpsychologie,* 1972.

Mergen, A., *Die Persönlichkeit des Verbrechers im weißen Kragen,* in: *Wirtschaftskriminalität,* 1970.

Parker, T., und Allerton, R., *The Courage of His Convictions,* 1962.

Peters, D., *Die soziale Herkunft der von der Polizei aufgegriffenen Täter,* in: K. Lüderssen, F. Sack (Hrsg.), *Abweichendes Verhalten I,* 1975.

Pohl, H. J., *Zur Ausgliederung älterer Arbeitnehmer aus dem Berufsleben,* in: J. Hohmeier und H. J. Pohl (Hrsg.), *Alter als Stigma,* 1978.

Rosenhan, D. L., *Being Sane in Insane Places,* in: *Science,* 1973.

Rosenthal, D., *Genetic Theory and Abnormal Behavior,* 1970.

Rüther, W., *Abweichendes Verhalten und labelling approach,* 1975.

Salzman, F., *Are Sex Roles Biologically Determined;* in: *Science for the People,* Juli/August 1977.

Schäfer, H., *Die Voraussetzungen einer rationalen Kriminalstrategie,* in: *Kriminalistik,* 8/1976.

Schmidt, G., und Sigusch, V., *Zur Frage des Vorurteils gegenüber sexuell devianten Gruppen,* 1967.

Schrader, A., Nikles, B. W., und Griese, H. M., *Die Zweite Generation, Sozialisierung und Akkulturation ausländischer Kinder in der Bundesrepublik,* 1979.

Schur, M., *Abweichendes Verhalten und soziale Kontrolle,* 1974.

Strauch, B., *Altenheim und Altenrolle,* in: J. Hohmeier und H. J. Pohl (Hrsg.), *Alter als Stigma,* 1978.

Thimm, W., *Lernbehinderung als Stigma,* in: M. Brusten und J. Hohmeier (Hrsg.), *Stigmatisierung I,* 1975.

Freiheit ist Sklaverei

Bölsche, J., *Der Weg in den Überwachungsstaat,* 1979.

Bonner Politik ist »weder geistig und schon gar nicht moralisch«, in: *Frankfurter Rundschau,* 26. 1. 1984.

Datenschutz eingeschränkt, in: *Frankfurter Rundschau,* 28. 6. 82.

Datenschutz-Diskussion muß die wirkliche Bandbreite einbeziehen, in: *Frankfurter Rundschau,* 21. 9. 1982.

Datenschutz – Forschungen für Gesetzgebung und Praxis, in: *Pressemitteilungen Stiftung Volkswagenwerk,* 10. 2. 1981.

Der Verfassungsschutz setzt auch im privaten Bereich an, in: *Frankfurter Rundschau,* 30. 8. 82.

Die neue Welt von 1984, in *Der Spiegel,* 1/1983.

Eintrittskarte für den Überwachungsstaat, in: *Der Spiegel,* 32/1983.

Empfehlungen zur Beachtung der ärztlichen Schweigepflicht bei der Verarbeitung personenbezogener Daten in der ärztlichen Berufsausübung, in: *Bundesärztekammer,* Entscheidungen des 85. Deutschen Ärztetages 1982.

Friedrichs, G., *Soziale Beherrschung von Rationalisierung und neuer Technik,* in: Beitrag zum Hearing IV der Kommission »Zukunft Baden-Württemberg« des SPD-Landesverbandes Baden-Württemberg am 11. 10. 1982.

Friedrichs, G., und Schaff, A. (Hrsg.), *Auf Gedeih und Verderb, Mikroelektronik und Gesellschaft,* 1982.

Gabel, H.-W., *Ganoven müssen passen,* in: *direkt,* August 1983.

Gergely, S. M., *Lücken für das perfekte Verbrechen,* in: *Die Zeit,* 9. 9. 1983.

Gläserner Mensch, in: *Der Spiegel,* 29/1982.

Gössner, R., und Herzog, U., *Der Apparat, Ermittlungen in Sachen Polizei,* 1982.

Gola, P., *Leistungsüberwachung per Computer,* in: *Süddeutsche Zeitung,* 18. 10. 1983.

Gut und gerne 1984, in: *Der Spiegel,* 13/1982.

Herles, H., *Nicht nur der Polizei auf der Spur,* in: *FAZ,* 10. 9. 1980.

Herold, H., *Bewegungsbilder und Persönlichkeitsprofile, Orwellsche Visionen oder Realität?,* in: *Frankfurter Rundschau,* 12. 1. 1984.

Hoffmann, A., *Verdächtiger Kollege,* in: *Süddeutsche Zeitung,* 6./7. 11. 1982.

Hoffmann, G. E., *Im Jahrzehnt der Großen Brüder,* 1984.

Hoffmann, W., *Schutz vor der Schutzgemeinschaft,* in: *Die Zeit,* 3. 2. 1983.

Hoffmann, W., *Zum Abschuß freigegeben,* in: *Die Zeit,* 16. 9. 1983.

Inzwischen bläst der Wind den Datenschützern heftig ins Gesicht, Rede des Staatssekretärs Andreas von Schoeler anläßlich der Verleihung des Fritz-Bauer-Preises an die Datenschutzbeauftragten des Landes Baden-Württemberg, Ruth Leuze, in: *Frankfurter Rundschau,* 8. 7. 1982.

Johansen, A., *Orwell im Verhör,* 1984.

Koch, A., *Bürgerhandbuch Datenschutz,* 1981.
Koch, P., und Oltmanns, R., *SOS, Freiheit in Deutschland,* 1979.
Komitee für Grundrechte und Demokratie (Hrsg.), *Ohne Zweifel für den Staat,* 1982.
Krauch, H. (Hrsg.), *Erfassungsschutz, Der Bürger in der Datenbank: zwischen Planung und Manipulation,* 1975.
Leuze, R., *Überall ist Daten-Land,* in: *Die Zeit,* 11. 11. 1983.
Meyer-Larsen, W. (Hrsg.), *Der Orwell-Staat 1984, Vision und Wirklichkeit,* 1983.
Münchhausen, A. v., *Die stummen Aufpasser,* in: *Die Zeit,* 12. 8. 1983.
Myrell, G. (Hrsg.), *Daten-Schatten, Wie die Computer dein Leben kontrollieren,* 1984.
Prose, F., *Ein ungesundes Interesse,* in: *Die Zeit,* 24. 2. 1984.
Roggenkamp, V., *Kleine Verstöße, großer Ärger,* in: *Die Zeit,* 14. 10. 1983.
Schueler, H., *Der Staat darf nicht alles wissen,* in: *Die Zeit,* 23. 12. 1983.
Schueler, H., *Hinter dem Ausweis: der Große Bruder,* in: *Die Zeit,* 12. 8. 1983.
Simon, J., *Die fragwürdige Sammelei,* in: *Die Zeit,* 19. 11. 1982.
Spielhofer, L., *Daten-Banken – Krasses Mißverhältnis zwischen Angebot und Nutzung,* in: *Frankfurter Rundschau,* 4. 2. 1984.
Spoo, E., *Datenschützer klagt über Niedersachsens Innenminister,* in: *Frankfurter Rundschau,* 8. 1. 83.
Sternsdorff, H.-W., *Auf dem Weg zum Überwachungsstaat,* in: *Der Spiegel,* 2/1983.
Stork, W., *Besserer Datenschutz in der Sozialversicherung,* in: *DAK-Magazin,* 1/81.
Taeger, J. (Hrsg.), *Die Volkszählung,* 1983.
Verheugen, G., *Diese Seifenblasendemokratie,* in: *Der Spiegel,* 34/1980, Auszüge aus: Verheugen, Günter, *Eine Zukunft für Deutschland.*
Wingen, M., *Wie es zu großer Unruhe über eine normale Sache gekommen ist,* in: *Frankfurter Allgemeine Zeitung,* 12. 10. 1983.
Wirkungsvoll treffen, in: *Der Spiegel,* 4/1984.
»Wo ist denn die Intimität?«, Bundesinnenminister Friedrich Zimmermann über die geplante Volkszählung, in: *Der Spiegel,* 13/1983.

Manipulation ist Hoffnung

Adler, M., und Saupe, R., *Psychochirurgie, Zur Frage einer biologischen Therapie psychischer Störungen,* 1979.
Andy, O. J., *Thalamotomy for hyperresponsive syndrome,* in: *Psychosurgery,* 1972.

Breggin, P., *An independent follow-up of a person operated upon for violence and epilepsy by Drs Vernon Mark, Frank Ervin and William Sweet,* in: *Rough Times,* 3, 1973.
Breggin, P., *The Second Wave,* in: *Mental Hygiene,* 57, 1973.
Breggin, P., *Lobotomies are still bad medicine,* in: *Medical Opinion,* März 1972.
Brain Surgery for Sexual Disorders 4, in: *British Medical Journal,* 1969.
Brown, H. M., *The Changing Role of Cingulate Surgery,* in: *Symposium on Cingulotomy,* 1972.
Brown, H. M., *Further experience with multiple limbic lesions for schizophrenia and sociopathic aggression,* Vortrag auf dem 3. Int. Kongr. f. Psych. Chirurgie, August 1972 in Cambridge.
Chorover, S. L., *From Genesis to Genocide, The Meaning of Human Nature and the Power of Behavior Control, 1979;* in deutscher Übersetzung: S. L. Chorover, *Die Zurichtung des Menschen, Von der Verhaltenssteuerung durch die Wissenschaften,* 1982.
Chorover, S. L., *Big Brother and Psychotechnology,* in: *Psychology today,* 1973.
Chorover, S. L., *Psychosurgery: A Neuropsychological Perspective,* in: *Psychosurgery, Boston University Law Review 53,* 1974.
Delgado, J. M. R., *Physical Control of the Mind,* New York 1969.
Häring, B., *Ethik der Manipulation,* 1977.
Heath, R. G., *Pleasure and Brain Activity in Man,* in: *J. Nerv. Ment. Dis.,* 1972.
Ingraham, B. L., und Smith, G. W., *The Use of Electronics in the Observation and Control of Human Behavior,* in: *Issues in Criminology,* 7, 1972.
Kaimowitz, G., *Civil Action No. 73-19434-AW,* Circuit Court for the Country of Wayne, 1973, Michigan.
Koch, E. R., *Chirurgie der Seele, Operative Umpolung des Verhaltens,* 1976; als Taschenbuch erschienen 1978.
Koch, E. R., und Keßler, W., *Menschen nach Maß, Manipulation der Erbanlagen – Eingriff in das Gehirn,* 1976.
Lansdell, H., *Psychosurgery and public policy,* in: *Publ. Sci.,* 4, 10, 1973.
Lansdell, H., *Psychosurgery: Its ethical and moral implications,* Council for Int. Org. Med. Sci., Unesco, Nov. 1973.
Liungman, C. G., *Sozialprodukt Geisteskrankheit,* 1974.
London, P., *Der gesteuerte Mensch,* 1973.
Mark, V. H., u. a., *The effect of amygdalotomy on violent behavior in patients with temporal lobe epilepsy,* in: *Psychosurgery,* 1972.
Mark, V. H., u. a., *Role of brain desease in riots and urban violence,* in: *J. Am. Med. Ass.,* 201, 895, 1967.
Mark, V. H., und F. R. Ervin, *Violence and the Brain,* 1970.
Narabayashi, H., *Stereotaxic amygdalectomy,* in: *The Neurobiology of the Amygdala,* 1972.

Nass, G. (Hrsg.), *Neue Erkenntnisse zur Behandlung abweichenden Verhaltens, insbesondere sexueller Delinquenz,* in: Abhandlungen der Akademie für kriminologische Grundlagenforschung, 1974.

Nass, G., *Vorbeugung und Behandlung bei Kriminellen und Süchtigen,* in: *Abhandlungen zur Prophylaxe und Resozialisierung,* herausgegeben im Auftrage der Akademie für kriminologische Grundlagenforschung und der Gesellschaft für vorbeugende Verbrechensbekämpfung, 1974.

Packard, V., *Die große Versuchung, Eingriff in Körper und Seele,* 1978.

Roeder, F. D., *Stereotaxic Lesion of the Tuber Cinereum in Sexual Deviation,* in: *Confin. Neurol.,* 27, 1966.

Roeder, F. D., *Über die Möglichkeit stereotaktischer Eingriffe bei Aggressionstätern,* in: *Kriminalität vorbeugen und behandeln,* 1971.

Roeder, F. D., *Stereotaktische Therapie der Suchten,* in: *Vorbeugung und Behandlung bei Kriminellen und Süchtigen,* 1974.

Roeder, F. D., *Die Behandlung sexueller Triebtäter, Langzeituntersuchungen nach stereotaktischer Hypothalomotomie,* in: *Neue Erkenntnisse zur Behandlung abweichenden Verhaltens, insbesondere sexueller Delinquenz,* 1976.

Roeder, F., und Müller, D., *Zur stereotaktischen Heilung der pädophilen Homosexualität,* in: *Deutsche Med. Wochenschrift,* 1969.

Roeder, F. D., u. a., *Weitere Erfahrungen mit der stereotaktischen Behandlung sexueller Perversionen,* in: *J. neurovisc. Rel.* 10, 1971.

Roeder, F. D., u. a., *Stereotaxic Treatment of Psychoses and Neuroses,* in: *Special Topics in Stereotaxis,* 1971.

Roeder, F. D., u. a., *The Stereotaxic Treatment of Pedophilic Homosexuality and Other Sexual Deviations,* in: *Psychosurgery,* 1972.

Saunders, A. G., *Behavior Therapy in Prisons: Walden II or Clockwork Orange?,* Jahrestagung der Ass. Advancement of Behavior Therapy, Chicago 1974.

Solomons, G., *A commentary on drugs in managing hyperkinetic children, Medical Opinion,* 1972.

Valenstein, E. S., *Brain Control,* 1973.

Krieg bedeutet Frieden

»Auswirkungen der Luftverschmutzung auf die menschliche Gesundheit« betreffend die Vorlagen »Waldsterben und Luftverunreinigung«, Öffentliche Anhörung, Ausschuß für Jugend, Familie und Gesundheit, Ausschußdrucksache 10/33.

Bölsche, J. (Hrsg.), *Das gelbe Gift, Todesursache: Saurer Regen,* 1984.
Borch, H. v., *Nach dem atomaren Schlagabtausch ein Neubeginn für die Nation,* in: *Süddeutsche Zeitung,* 26. 8. 82.
Dost, B., *Die Erben des Übels, Kranke Umwelt, kranke Kinder,* 2. Aufl. 1984.
Haaf, G., *Mit der Mutter nicht verwandt,* in: *Die Zeit,* 27. 1. 1984.
Haefner, K., *Inferno auf Computer-Befehl?,* in: *Der Spiegel,* 20/1983.
Kidron, M., und Segal, R., *Hunger und Waffen,* 1981.
Kluge, B., Loeben-Furtwängler, S., Reichel, I., und Steinhilber-Schwab, B., *Vergiftete Umwelt, gefährdete Kinder,* 1984.
Koch, E. R., *Krebswelt, Krankheit als Industrieprodukt,* 1981.
Koch, E. R., *Der DDT-Bumerang,* in: *natur* 2/1982.
Koch, E. R., und Jentzsch, B., *Ein Planet wird unbewohnbar,* in: *metall,* Zeitung der Industriegewerkschaft Metall, 25. 9. 1981.
Kommission Grundwerte beim SPD-Parteivorstand, *Humane Grenzen des technisch Machbaren,* Februar 1981.
Luria, S., *Slippery when wet, Essay on Science, Technology and Responsibility,* in: *Penrose Memorial Lecture,* 1972.
Michels, C., *Aufwachsen am Busen der Chemie?,* in: *Frankfurter Rundschau,* 3. 3. 1984.
Nur Fisch würde bei einem Atomkrieg nicht verseucht werden, in: *Frankfurter Rundschau,* 5. 6. 1983.
Peccei, A., *Auf dem Weg in die Katastrophe,* in: *Der Spiegel,* 21/1981.
Peccei, A., *Die Zukunft in unserer Hand,* 1981.
Richter, H. E., *Das geplante Inferno* (Serie) in: *Der Spiegel,* 1981.
Schaefer, H., *Aufgabe Umwelt, Eingriffe und Folgen (Beziehungen zwischen der kranken Umwelt und dem kranken Leben),* in: NDR, 1982.
Schell, J., *Das Schicksal der Erde, Kernwaffen können die Geschichte ein für allemal beenden,* in: *Die Zeit,* 2. 7. 1982.
Schell, J., *Das Schicksal der Erde,* 1982.
Schlipköter, H. W., *Auswirkungen der Luftverschmutzung auf die menschliche Gesundheit,* Bundestags-Ausschuß für Jugend, Familie, Gesundheit, *Drucksache* 10/33, 1984.
Schnaps für die Slums der Dritten Welt, in: *Frankfurter Rundschau,* 7. 11. 1983.
Sicherheit in der Chemie, Bericht über ein Symposium der BASF, 1978.
Stellungnahme der DFG-Kommission zur Prüfung von Rückständen in Lebensmitteln, 1982.
The Global 2000 Report to the President, 1980.
Vouk, V. B., und Parizek, J., *Chemicals and Health,* Division on Environmental Health, WHO, Genf, *Interdisciplinary Science Review,* 3, 207, 1978.
Wolff, U., *Bio-Forschung für das Militär,* in: *Süddeutsche Zeitung,* 7. 3. 1984.

Angst ist Glück

Angst entsteht überall da, wo die Moral nichts mehr gilt, in: *Frankfurter Rundschau,* 21. 1. 1983.

Dönhoff, M., *Katzenjammer unterm Weihnachtsbaum,* in: *Die Zeit,* 26. 12. 1980.

Fromm, E., *Anatomie der menschlichen Destruktivität,* 1974.

Füssel, U., und Tinnappel, F., *Pillen für die Penne,* in: *Frankfurter Rundschau,* 30. 1. 1984.

Gabor, D., *Der vernünftige Mensch,* 1972.

Hände hinten, Kriminalisten und Psychiater rätseln über eine neue Selbstmordvariante, in: *Der Spiegel* 36/80.

Haller, M., *Wir steigen in den Himmel auf,* in: *Der Spiegel,* 41/1983.

Heilmann, K., und Urquhart, J., *Keine Angst vor der Angst,* 1983.

Klare, H.-H., *Angst, Hirnforscher entdecken die Wege und Transportmittel der Angst,* in: *Stern,* 19. 1. 1984.

Kriegsängste spiegeln auch Zustand der Gesellschaft wider, in: *Frankfurter Rundschau,* 1. 11. 1983.

Leinemann, J., *Die deutsche Depression* (Serie), *Der Spiegel,* 1982.

Lust, F., und Paundler, M. v., *Pädiatrische Diagnostik und Therapie,* 1982.

Postman, N., *The Disappearance of Childhood,* 1982; in deutscher Übersetzung: N. Postman, *Das Verschwinden der Kindheit,* 1983.

Schmidt, H., *Fürchtet Euch nicht,* in: *Die Zeit,* 23. 12. 1983.

Sichrovsky, P., *Krankheit auf Rezept,* 1984.

Soldaten plädieren für brutale Darstellungen im Fernsehen, in: *Frankfurter Rundschau,* 2. 4. 1984.

Tribulin – a natural panic molecule?, in: *New Scientist,* 24. 6. 1982.

Wie Jugendliche Selbstmordversuche verstehen, MPG-Presseinformation, 6. 10. 1982.